大学入学

別冊
問題

共通テスト
英語
リスニング
実戦対策問題集
改訂版

旺文社

別冊
問題

大学入学

共通テスト
英語
リスニング
実戦対策問題集

水野 卓 著

改訂版

旺文社

も　く　じ

音声の利用方法については本冊 8 ページをご覧ください。

3

1st

🔊 02〜05　▶ 解答 本冊 P.10

A　第1問Aは問1から問4までの4問です。英語を聞き，それぞれの内容と最もよく合っているものを，4つの選択肢（①〜④）のうちから1つずつ選びなさい。

問1　　1

① The speaker needs help to go through the door.
② The speaker needs help to turn on the air conditioner.
③ The speaker wants to let in some fresh air.
④ The speaker wants to open the door by herself.

問2　　2

① The speaker cannot go to the concert.
② The speaker is excited about the concert.
③ The speaker is not interested in the concert.
④ The speaker is not sure if the concert will be good.

問3　　3

① The apples at the other store were better.
② The apples at the other store were on sale.
③ The apples at the other store were really expensive.
④ The apples at the other store were sold out.

問4　　4

① The speaker has just started studying.
② The speaker is ready to go to bed now.
③ The speaker is studying alone.
④ The speaker needs to study more later.

B　第1問Bは問1から問3までの3問です。英語を聞き，それぞれの内容と最もよく合っている絵を，4つの選択肢（①〜④）のうちから1つずつ選びなさい。

問1　　5

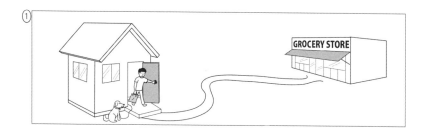

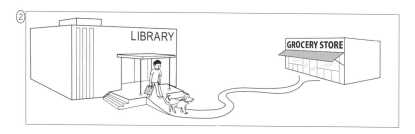

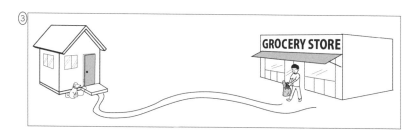

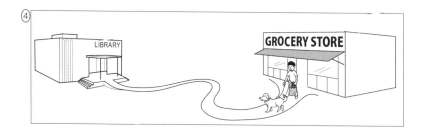

問2 6

①

②

③

④

問3　　7

①

②

③

④

2nd

A 第1問Aは問1から問4までの4問です。英語を聞き，それぞれの内容と最もよく合っているものを，4つの選択肢（①〜④）のうちから1つずつ選びなさい。

問1 ▢1

① The speaker has just been to the cafeteria.
② The speaker has just finished his homework.
③ The speaker wants to have a meal with Koji.
④ The speaker wants to study with Koji.

問2 ▢2

① The speaker is surprised that Hiromi wants to come.
② The speaker knew Hiromi would not come.
③ The speaker knows why Hiromi is not coming.
④ The speaker thought Hiromi would surely come.

問3 ▢3

① The speaker has just arrived at the party.
② The speaker has left the party.
③ The speaker is saying good-bye.
④ The speaker is the host of the party.

問4 ▢4

① The speaker did not go to the baseball game because he was sick.
② The speaker was not planning to go to the baseball game.
③ The speaker went to the baseball game and got sick.
④ The speaker went to the baseball game, but he did not play.

B　　第1問 B は問1から問3までの3問です。英語を聞き，それぞれの内容と最も
よく合っている絵を，4つの選択肢(①〜④)のうちから1つずつ選びなさい。

問1　　5

①

②

③

④

問2 ⃞6

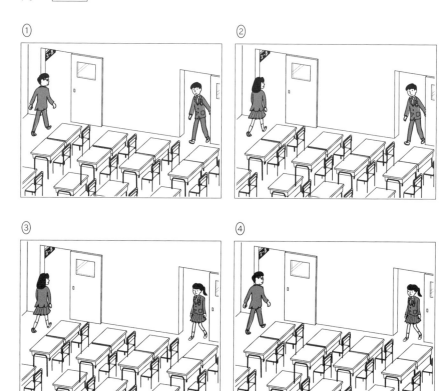

問3 　7

①

②

③

④

音声は2回流れます。

1st

🔊 16〜19　▶ 解答 本冊 P.25

　　第2問は問1から問4までの4問です。それぞれの問いについて，対話の場面が日本語で書かれています。対話とそれについての問いを聞き，その答えとして最も適切なものを，4つの選択肢(①〜④)のうちから1つずつ選びなさい。

問1　モールの駐車場で駐車スペースを探しています。　8

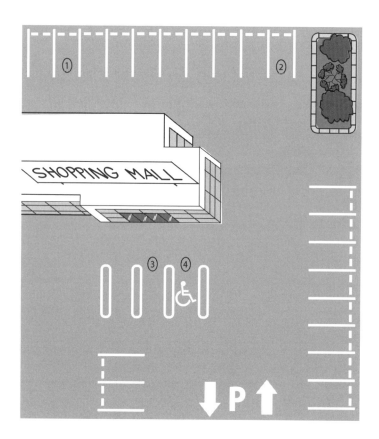

問2 カフェの価格の変更について話をしています。 9

①

②

③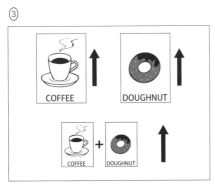

④

問3 学校の廊下で先生を探しています。 10

①

②

③

④

問4 レストランについて話をしています。 ┃ 11 ┃

①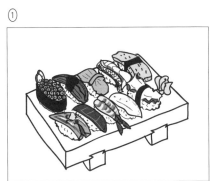

②

③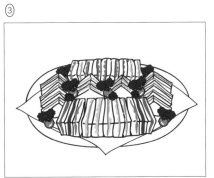

④

2nd

第2問は問1から問4までの4問です。それぞれの問いについて，対話の場面が日本語で書かれています。対話とそれについての問いを聞き，その答えとして最も適切なものを，4つの選択肢(①〜④)のうちから1つずつ選びなさい。

問1　庭でバーベキューをしています。 ⬜ 8

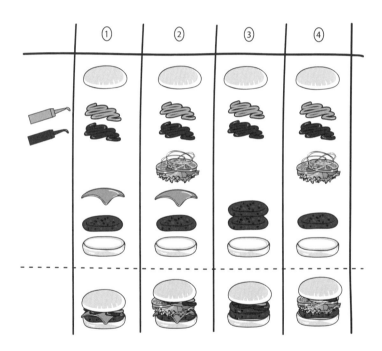

問2 レストランの営業時間について話をしています。 9

①

②

③

④

問3 映画に出てきたロボットについて話をしています。 □ 10

①

②

③

④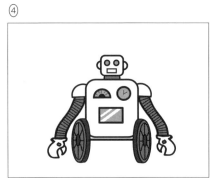

問4 休暇の行き先について話をしています。 11

①

②

③

④

第3問 音声は1回流れます。

1st

🔊 24〜29 ▸ 解答 本冊 P.37

　第3問は問1から問6までの6問です。それぞれの問いについて，対話の場面が日本語で書かれています。対話を聞き，問いの答えとして最も適切なものを，4つの選択肢(①〜④)のうちから1つずつ選びなさい。(問いの英文は書かれています。)

問1　夫婦で今晩の夕食について話をしています。

What is the couple going to have for dinner?　　12

① Grilled chicken and salad
② Only grilled chicken
③ Only roast beef
④ Roast beef and salad

問2　母親と息子がレストランについて話をしています。

What will they do for dinner?　　13

① Go somewhere else and have pizza.
② Go somewhere else and have something other than pizza.
③ Go to Tony's restaurant and have something other than pizza.
④ Go to Tony's restaurant and wait for pizza.

問3　友だち同士がスマートフォンについて話をしています。

What smartphone feature is the woman not happy about?　　14

① The battery
② The color
③ The screen size
④ The weight

問4　友だち同士が服装について話をしています。

What do the two people agree about?　15

① The online store is now better than it used to be.
② The online store is too expensive.
③ The online store sells nice clothes.
④ The online store was created by young artists.

問5　夫婦が昼食後に話をしています。

What will the man do?　16

① Buy spicy foods
② Get medicine for his stomachache
③ Have more pizza
④ Take a short rest

問6　友だち同士が授業前に話をしています。

What will the woman do?　17

① Change her schedule
② Drop out of math class
③ Have some more coffee
④ Revise the man's homework

2nd

🔊30〜35　▸ 解答 本冊　P.45

　第3問は問1から問6までの6問です。それぞれの問いについて，対話の場面が日本語で書かれています。対話を聞き，問いの答えとして最も適切なものを，4つの選択肢(①〜④)のうちから1つずつ選びなさい。(問いの英文は書かれています。)

問1　友だち同士が今晩の予定について話をしています。

What are they going to do tonight?　12

① Play basketball together
② Watch a basketball game separately
③ Watch a basketball game together at the man's place
④ Watch a basketball game together at the woman's place

問2　夫婦が今晩の夕食について話をしています。

What is chicken-fried steak?　13

① Chicken and fried steak
② Fried beef
③ Fried chicken
④ Grilled beef

問3　友だち同士がコンタクトレンズについて話をしています。

How does the man feel about contact lenses?　14

① They are easier to handle than glasses.
② They are easier to handle than goggles.
③ They look better than glasses.
④ They look better than goggles.

問4 友だち同士が一緒に食べたラーメンについて話をしています。

What do the two people agree about? 15

① The ramen is worth eating again.
② The ramen tasted really good.
③ The ramen was too big.
④ The ramen was too expensive.

問5 友だち同士が卒業後のことについて話をしています。

What will the man do? 16

① Delay his graduation
② Focus on reducing stress
③ Transfer to another school
④ Try to find work

問6 友だち同士がお互いの住まいについて話をしています。

What is the woman going to do? 17

① Describe a view
② Leave her apartment
③ Look out of her window
④ Show some photos

音声は1回流れます。

1st

🔊 36〜37 ➡ 解答 本冊 P.52

A 第4問Aは問1から問8までの8問です。話を聞き，それぞれの問いの答えとして最も適切なものを，選択肢のうちから選びなさい。

問1〜4 男性が喫茶店に入ったときの話をしています。話を聞き，その内容を表すイラスト（①〜④）を，出来事が起こった順番に並べなさい。

| 18 | → | 19 | → | 20 | → | 21 |

①

②

③

④

問 5～8　あなたは大学の教授のアシスタントとして数学のクラスの学生の成績をつける手伝いをしています。教授の説明を聞き，下の表の 4 つの空欄 22 ～ 25 を埋めるのに最も適切なものを，5 つの選択肢（①～⑤）のうちから 1 つずつ選びなさい。選択肢は 2 回以上使ってもかまいません。

① 260　　　② 270　　　③ 280　　　④ 290　　　⑤ 300

Name	Exam 1	Exam 2	Exam 3	Homework	Attendance	Course Score
Taro	90	90	100	50	30	22
Susan	80	100	100	40	50	23
Juan	90	95	80	50	45	280
John	100	100	100	30	30	24
Teresa	100	100	60	50	50	25
Sun-Ho	90	85	90	40	30	265

B　第4問Bは問1の1問です。4人の説明を聞き、示された条件に合うものを、4つの選択肢（①〜④）のうちから1つ選びなさい。後の表を参考にしてメモを取ってもかまいません。

状況
　あなたは大学入学後に住む学内の寮を決める際の参考として、各寮にある食堂について、先輩4人が説明するのを聞いています。

あなたが考えている条件
A. 毎日朝9時以降でも朝食が食べられる。
B. 週末でも三食が提供されている。
C. いつでも鶏肉料理が食べられる。

	A. Breakfast available after 9 AM every day	B. Three meals every day	C. Chicken dishes available anytime
① Cockrell Center Dining			
② Morrill Hall			
③ Sage Dormitory's dining room			
④ Student Union Cafeteria			

問 1 You are most likely to choose [26].

① Cockrell Center Dining
② Morrill Hall
③ Sage Dormitory's dining room
④ Student Union Cafeteria

2nd

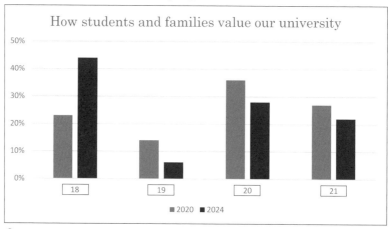

🔊 39〜40 ➡ [解答] 本冊 P.59

A　第4問 A は問1から問8までの8問です。話を聞き，それぞれの問いの答えとして最も適切なものを，選択肢のうちから選びなさい。

問1〜4　あなたは，大学の授業で配られたワークシートのグラフを完成させようとしています。先生の説明を聞き，4つの空欄 ［ 18 ］〜［ 21 ］に入れるのに最も適切なものを，4つの選択肢（①〜④）のうちから1つ選びなさい。

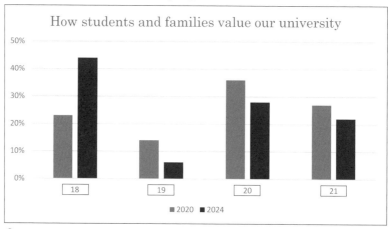

How students and families value our university

■ 2020 ■ 2024

① Campus facilities
② Class options
③ Faculty reputation
④ School ranking

問5～8　あなたは宅配ピザ店でアルバイトをしています。ピザ店が発行している
オンライン割引クーポンの説明を聞き，下の表の4つの空欄 `22` ～ `25`
にあてはめるのに最も適切なものを，5つの選択肢（①～⑤）のうちから1つず
つ選びなさい。選択肢は2回以上使ってもかまいません。

① $8　　　② $10　　　③ $16　　　④ $20　　　⑤ $28

Customer	Order	Quantity	Price after discount
A	Pepperoni Pizza（$8）	2	$ 8
B	Pepperoni Pizza（$8）	1	`22`
	Dessert Pizza（$8）	1	
C	Pepperoni Pizza（$8）	1	`23`
	Veggie Pizza（$10）	1	
D	Meat Special Pizza（$12）	1	$20
	Italian Special Pizza（$12）	1	
	Dessert Pizza（$8）	1	
E	Pepperoni Pizza　（$8）	1	`24`
	Soda（$1）	8	
F	Pepperoni Pizza（$8）	1	`25`
	Dessert Pizza（$8）	1	
	Meat Special Pizza（$12）	1	
	Italian Special Pizza（$12）	1	

B 　第4問 B は問1の1問です。4人の説明を聞き，示された条件に合うものを，4つの選択肢（①～④）のうちから1つ選びなさい。後の表を参考にしてメモを取ってもかまいません。

状況

　あなたは大学入学後に住むためのアパートを探しています。アパートのマネージャー4人がそれぞれのアパートについて説明するのを聞いています。

あなたが考えている条件
A. 大学が始まる9月1日までに入居できる。
B. 家賃が1か月 800 ドル以下である。
C. 大学まで徒歩 10 分以内である。

	A. Move in date	B. Rent	C. Distance
① Bueno Vista			
② Logan's Hill			
③ Maple			
④ On 24th Street			

問1　You are most likely to choose ⬚26⬚.

　　① Bueno Vista
　　② Logan's Hill
　　③ Maple
　　④ On 24th Street

1st

◀》42〜44 ▸ 解答 本冊 P.66

第5問は問1から問7の7問です。

最初に講義を聞き,問1から問5に答えなさい。次に問6と問7の音声を聞き,問いに答えなさい。

状況

あなたはアメリカの大学で,人々が情報を得る手段について,ワークシートにメモを取りながら,講義を聞いています。

ワークシート

○ **Newspaper Sales in the USA**

Circulation in 1970s 〜 1980s: _____   Circulation in 2018: _____

Drop in circulation: ☐ 27

○ **Where do Americans get their news?**

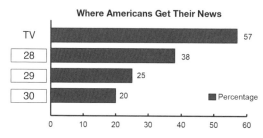

Where Americans Get Their News

Point:

Newspapers : Editors check facts gathered by journalists.

☐ 31 ☐ : Stories are often copied from print sources and shared without fact-checking.

問1　ワークシートの空欄　27　に入れるのに最も適切なものを，6つの選択肢（①〜⑥）のうちから1つ選びなさい。

① more than 30,000,000　　　② more than 60,000,000

③ more than 90,000,000　　　④ more than 300,000,000

⑤ more than 600,000,000　　　⑥ more than 900,000,000

問2〜5　ワークシートの空欄　28　〜　31　に入れるのに最も適切なものを，4つの選択肢（①〜④）のうちから1つずつ選びなさい。選択肢は2回以上使ってもかまいません。

① Newspapers　　② Online News Sites　　③ Radio　　④ TV

問6　講義後に，あなたは要約を書くために，グループのメンバーA，Bと，講義内容を口頭で確認しています。それぞれの発言が講義の内容と一致するかどうかについて，最も適切なものを4つの選択肢（①〜④）のうちから1つ選びなさい。　32

① Aの発言のみ一致する

② Bの発言のみ一致する

③ どちらの発言も一致する

④ どちらの発言も一致しない

▶　問7は次のページ

第5問

問7 講義の後で，Jim と Mary が下の図表を見ながらディスカッションをしています。ディスカッションの内容及び講義の内容から，どのようなことが言えるか，最も適切なものを，4つの選択肢（①～④）のうちから1つ選びなさい。
33

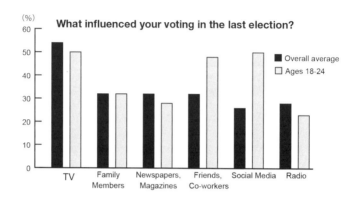

① Friends and family members are the most reliable sources of news and information.
② Politicians should use traditional media to promote themselves before elections.
③ Traditional media will likely become even less influential as a source of information in future.
④ Traditional media will remain the most important source of information.

🔊 45〜47 ▸ 解答 本冊 P.75

第5問は問1から問7の7問です。

最初に講義を聞き，問1から問5に答えなさい。次に問6と問7の音声を聞き，問いに答えなさい。

状況

あなたはアメリカの大学で，テクノロジーと教育の関わりについて，ワークシートにメモを取りながら，講義を聞いています。

ワークシート

○ **Current use of technology in American classrooms**

Percentage of schoolchildren regularly using tablets in class: ☐ 27

elementary schools:＿＿＿＿／＿＿＿＿→＿＿＿＿％

high schools: ＿＿＿＿／＿＿＿＿→＿＿＿＿％

○ **Classroom Technology – Points to Consider**

Element	Positive (+) or Negative (−)	Students or Schools
Personalized learning	+	Students
Motivation	28	29
Progress Assessment	+	Schools
Cost	30	31

問1　ワークシートの空欄　27　に入れるのに最も適切なものを，6つの選択肢（①～⑥）のうちから1つ選びなさい。

① elementary schools 80%, high schools 50%

② elementary schools 4%, high schools 5%

③ elementary schools 50%, high schools 80%

④ elementary schools 5%, high schools 4%

⑤ elementary schools 4%, high schools 50%

⑥ elementary schools 5%, high schools 50%

問2～5　ワークシートの空欄　28　～　31　に入れるのに最も適切なものを，4つの選択肢（①～④）のうちから1つずつ選びなさい。選択肢は2回以上使ってもかまいません。

① Negative　　② Positive　　③ Schools　　④ Students

問6　講義後に，あなたは要約を書くために，グループのメンバーA，Bと，講義内容を口頭で確認しています。それぞれの発言が講義の内容と一致するかどうかについて，最も適切なものを4つの選択肢（①～④）のうちから1つ選びなさい。　32

① Aの発言のみ一致する

② Bの発言のみ一致する

③ どちらの発言も一致する

④ どちらの発言も一致しない

第5問

▶　問7は次のページ

講義の後で，John と Nancy が下の図表を見ながらディスカッションをしています。ディスカッションの内容及び講義の内容から，どのようなことが言えるか，最も適切なものを，4つの選択肢(①~④)のうちから1つ選びなさい。 33

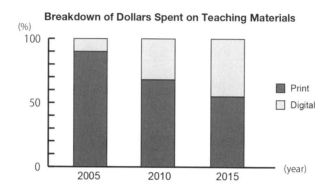

① Demand for textbooks will become low, so publishers should invest in creating digital materials.

② Publishers should consult with schools and educational experts to provide better textbooks.

③ Publishers should publish more printed materials to increase demand and keep profits stable.

④ The use of digital materials is a temporary trend, so producing more printed materials is important.

1st

🔊 48 ▸ 解答 本冊 P.82

Ⓐ 第6問Aは問1・問2の2問です。2人の対話を聞き、それぞれの問いの答えとして最も適切なものを、4つの選択肢(①〜④)のうちから1つずつ選びなさい。(問いの英文は書かれています。)

状況
母親と息子が、スマートフォン(smartphone)について話しています。

問1 What is Steve's main point? 　34

① He can have a good social life even without a smartphone.
② He has to have a smartphone in order to make friends.
③ Smartphones are getting cheaper.
④ Smartphones are useful when you go shopping.

問2 What is Steve's mother's main point? 　35

① She and her son are not spending enough time together.
② Steve should call rather than text his friends.
③ Steve should carry his smartphone more carefully.
④ Steve's smartphone bill is too high.

B 　第6問Bは問1・問2の2問です。会話を聞き，それぞれの問いの答えとして最も適切なものを，選択肢のうちから1つずつ選びなさい。後の表を参考にしてメモを取ってもかまいません。

状況

　Dr. Gomez が SNS(social media)について講演したあと，質疑応答の時間がとられています。司会(moderator)が聴衆からの質問を受けつけています。Laura と Alessandro が発言します。

問1　3人のうち，**SNS の使用に問題はないとの立場で意見を述べている人**を，4つの選択肢(①～④)のうちから1つ選びなさい。 | 36 |

① Alessandro　　　　　　　　② Laura
③ Alessandro and Dr. Gomez　④ Laura and Dr. Gomez

▶▶ 問2は次のページ

問2　会話を踏まえて，Dr. Gomez の意見を支持する図表を，4つの選択肢(①〜④)のうちから1つ選びなさい。　37

①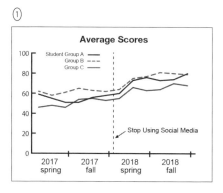

②

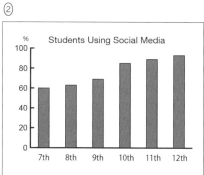

③

Top 4 Social Media Companies

Sales in Billions

1 Urban Trend 　　　$67.32

2 InnerWorks 　　　$65.84

3 Avanti 　　　　　$64.78

4 GeoFox 　　　　　$59.53

④

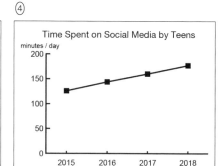

2nd

🔊 50   ↦ 解答 本冊 P.90

A　第6問Aは問1・問2の2問です。2人の対話を聞き，それぞれの問いの答えとして最も適切なものを，4つの選択肢(①〜④)のうちから1つずつ選びなさい。(問いの英文は書かれています。)

状況
2人の大学生がチェーン(chain)と個人／地元(independent / local)の店について話しています。

問1　**What is Jenny's main point?**　　34

- ①　Chain coffee shops are more boring.
- ②　Chain coffee shops are more expensive.
- ③　Chain coffee shops do not have much experience.
- ④　Chain coffee shops do not serve good coffee.

問2　**What is Brian's main point?**　　35

- ①　It is nice that local businesses are disappearing.
- ②　Local coffee shops are too expensive.
- ③　You are likely to find chain coffee shops more original.
- ④　You are likely to get better service at chain coffee shops.

B　　第6問Bは問1・問2の2問です。会話を聞き，それぞれの問いの答えとして最も適切なものを，選択肢のうちから1つずつ選びなさい。後の表を参考にしてメモを取ってもかまいません。

状況

　Professor Williams が気分を明るくさせる方法について講演した後，質疑応答の時間がとられています。司会(moderator)が聴衆からの質問を受けつけています。Eric と Catherine が発言します。

問1　　3人のうち，よくないことを考えないように，という主張に対して懐疑的な立場で意見を述べている人を，4つの選択肢(①～④)のうちから1つ選びなさい。 36

① Eric
② Catherine
③ Eric and Professor Williams
④ Catherine and Professor Williams

▶　問2は次のページ

問2　会話を踏まえて，Professor Williams の意見を支持する図表を，4つの選択肢(①〜④)のうちから1つ選びなさい。　37

①

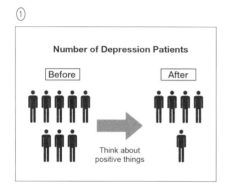

Number of Depression Patients

Before　　　　　　After

Think about
positive things

②

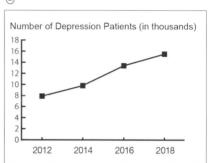

Number of Depression Patients (in thousands)

2012　2014　2016　2018

③

Top 5 Happiest Countries

		Score
1	Finland	7.632
2	Norway	7.594
3	Denmark	7.555
4	Iceland	7.495
5	Switzerland	7.487

④

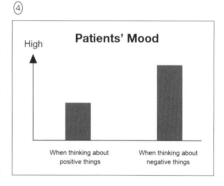

Patients' Mood

High

When thinking about
positive things

When thinking about
negative things

模試にチャレンジ 英語 リスニング
（100点 30分）

取り組み方

1.　巻末の「**解答用紙**」をコピーして，解答を記録しましょう。

2.　本冊の「**模試にチャレンジ　解答一覧**」や各問いの解説にて正解を確認し，「**解答用紙**」の「**小計**」欄に得点を記録します。

3.　公式アプリ「学びの友」を使って解答することもできます。詳しくは本冊 8 ページをご覧ください。

第 **1** 問 (配点 25 点)　**音声は 2 回流れます。** ⏱ ⑤分 🔊 **53〜57**▸▸ 解答 本冊 P.98

A　第 1 問 A は問 1 から問 4 までの 4 問です。英語を聞き，それぞれの内容と最も よく合っているものを，4 つの選択肢(①〜④)のうちから 1 つずつ選びなさい。

問 1 　1

① The food was bad and expensive.
② The food was bad but not expensive.
③ The food was good and not expensive.
④ The food was good but expensive.

問 2 　2

① The speaker is ready to help Kenji find an apartment.
② The speaker is ready to help Kenji move.
③ The speaker wants Kenji to buy a pickup truck.
④ The speaker wants Kenji to help him move his pickup truck.

問 3 　3

① Tom did not do well on the exam because he had a fever.
② Tom did not have a fever, but he did poorly on the exam.
③ Tom did well on the exam because he didn't have a fever.
④ Tom had a fever, but he did well on the exam.

問 4 　4

① The T-shirt has many colors.
② The T-shirt has only one size.
③ The T-shirt is not liked by the speaker.
④ The T-shirt is small for the speaker.

B　第1問 **B** は**問5**から**問7**までの3問です。英語を聞き，それぞれの内容と最も
よく合っている絵を，4つの選択肢（①〜④）のうちから1つずつ選びなさい。

問5　　5

問6 | 6 |

①

②

③

④

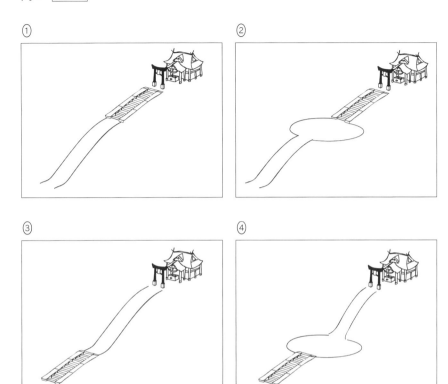

第2問
(配点 16 点) **音声は2回流れます。** ⏱5分 ◀)) 62〜66▶▶ 解答 本冊 P.104

第2問は**問8**から**問11**までの4問です。それぞれの問いについて,対話の場面が日本語で書かれています。対話とそれについての問いを聞き,その答えとして最も適切なものを,4つの選択肢(①〜④)のうちから1つずつ選びなさい。

問8 公園のベンチに座っている男性について話をしています。 8

問9　高校のバスケットボール・チームについて話をしています。 9

①

Game	Win/Loss	Junko's points
1	W	18
2	L	5
3	W	20
4	W	25

②

Game	Win/Loss	Junko's points
1	W	18
2	L	19
3	W	20
4	W	25

③

Game	Win/Loss	Junko's points
1	W	18
2	L	5
3	L	20
4	W	25

④

Game	Win/Loss	Junko's points
1	W	5
2	L	5
3	L	5
4	W	25

問 10 図形の名称について話をしています。 ⎡ 10 ⎤

① ②

③ ④

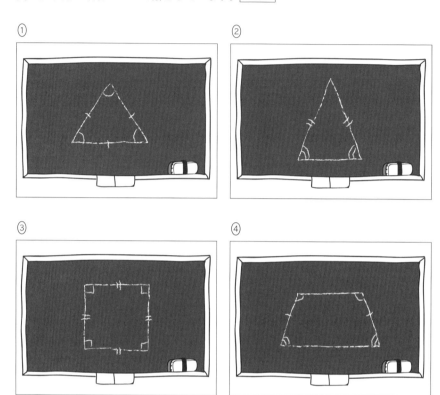

問11 夫婦で孫娘へのクリスマスプレゼントを何にするか話し合っています。 11

①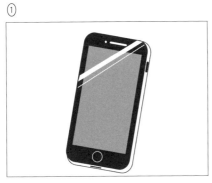

②

③

④

第 3 問は**問 12** から**問 17** までの 6 問です。それぞれの問いについて，対話の場面が日本語で書かれています。対話を聞き，問いの答えとして最も適切なものを，4 つの選択肢(①〜④)のうちから 1 つずつ選びなさい。(問いの英文は書かれています。)

問 12 女性が出かけようとしている夫と話をしています。

What does the woman want the man to do? 12

① Go to the store by car.
② Not to go to the store.
③ Wait for the rain to stop.
④ Walk to the store.

問 13 出張の移動手段について話をしています。

How will they go on their trip? 13

① By airplane
② By bus
③ By car
④ By train

問 14 友だち同士が髪形について話をしています。

How does the woman feel about her new hairstyle now? 14

① It is too long for her.
② It would look good on the man.
③ She has paid too much for it.
④ She is happy with it.

問 15 友だち同士が今終わったテニスの試合について話をしています。

How does the woman feel about the match? 　15

① His opponent didn't play well.
② His opponent didn't try hard.
③ The man should be more proud.
④ The man should have won.

問 16 隣人同士が庭の植物について話をしています。

What is the woman going to do? 　16

① Clean her home
② Get some advice
③ Sell her cactus
④ Tour a garden

問 17 隣人同士がお互いの子どもについて話をしています。

What is the woman going to do? 　17

① Bring some hot chocolate
② Move a park bench
③ Prepare three lunches
④ Sit with the man's family

A 第 4 問 **A** は問 18 から問 25 までの 8 問です。話を聞き，それぞれの問いの答えとして最も適切なものを，選択肢から選びなさい。**問題文と図表を読む時間が与えられた後，音声が流れます。**

問 18〜21　あなたは，大学の授業で配られたワークシートのグラフを完成させようとしています。先生の説明を聞き，4 つの空欄 ┃ 18 ┃〜┃ 21 ┃ に入れるのに最も適切なものを，4 つの選択肢(①〜④)のうちから 1 つ選びなさい。

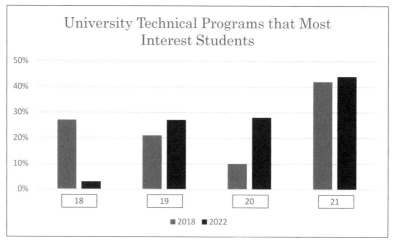

① AI
② Cybersecurity
③ Mechanical engineering
④ Robotics

問 22〜25　あなたは今月からカフェでアルバイトを始めました。給料についての説明を聞き，次の表の4つの空欄 22 〜 25 に入れるのに最も適切なものを，5つの選択肢（①〜⑤）のうちから1つずつ選びなさい。選択肢は2回以上使ってもかまいません。

① ¥3,200　　② ¥4,000　　③ ¥5,000　　④ ¥5,800　　⑤ ¥6,000

Week	Number of Hours	Amount Paid
1	4 hours	22
2	5 hours	23
3	6 hours	24
4	4 hours	25

B　第 4 問 B は問 26 の 1 問です。話を聞き，示された条件に合うものを，4つの選択肢（①〜④）のうちから 1 つ選びなさい。後の表を参考にメモを取ってもかまいません。<u>状況と条件を読む時間が与えられた後，音声が流れます。</u>

状況

　あなたは大学で履修する数学の授業（Math 301）を選んでいます。複数のクラスから選ぶにあたり，あなたが考えている条件は以下のとおりです。

あなたが考えている条件
A. 1 クラス当たりの生徒数が少ない。
B. 講義がわかりやすい。
C. 宿題の量が多すぎない。

		A. Class size	B. Lecture	C. Homework
①	Dr. Eaton			
②	Dr. Hayashi			
③	Dr. Tate			
④	Prof. Wood			

問 26　You are most likely to choose ☐ 26 ☐ 's class.

① Dr. Eaton
② Dr. Hayashi
③ Dr. Tate
④ Prof. Wood

（下書き用紙）

リスニングの試験問題は次に続く。

第5問 (配点15点) 音声は1回流れます。⑤分 ◀)) 79〜82▸▸ 解答 本冊 P.121

第5問は問27から問33の7問です。
　最初に講義を聞き，問27から問31に答えなさい。次に問32と問33の音声を聞き，問いに答えなさい。**状況，ワークシート，問い及び図表を読む時間が与えられた後，音声が流れます。**

状況
　あなたはアメリカの大学で，女性の政治参加の増加について，ワークシートにメモを取りながら，講義を聞いています。

ワークシート

Women's participation in politics			
	1995	2018	
World average	_____	_____	27
Europe	13.2	27.1	+ 13.9
The Americas	12.7	28.4	+ 15.7
Asia	13.2	18.6	+ 5.4
Africa	9.8	23.6	+ 13.8

Factors	Social-based or Policy-based	Positive or Negative
Opportunities for education	Social	Negative
Aid for families	28	Negative
Perception of leadership	Social	29
Quota for seats	30	Positive
Fighting sexual harassment	Social	31

問 27　ワークシートの空欄　27　に入れるのに最も適切なものを，6つの選択肢
　　　（①～⑥）のうちから1つ選びなさい。

①　　+5.1　　　　　　　　　　②　　+10.1
③　　+11.1　　　　　　　　　④　　+12.1
⑤　　+13.1　　　　　　　　　⑥　　+23.1

問 28～31　ワークシートの空欄　28　～　31　にあてはめるのに最も適切なもの
　　　　を，4つの選択肢（①～④）のうちから1つずつ選びなさい。選択肢は2回
　　　　以上使ってもかまいません。

①　Negative　　　　　　　　②　Policy
③　Positive　　　　　　　　④　Social

問 32　講義後に，あなたは要約を書くために，グループのメンバー A，B と，講
　　　義内容を口頭で確認しています。それぞれの発言が講義の内容と一致するかど
　　　うかについて，最も適切なものを4つの選択肢（①～④）のうちから1つ選びな
　　　さい。　32

①　Aの発言のみ一致する
②　Bの発言のみ一致する
③　どちらの発言も一致する
④　どちらの発言も一致しない

▶▶　問 33 は次のページ

問33 講義の後で，Jerry と Barbara が下の図表を見ながらディスカッションを
しています。ディスカッションの内容及び講義の内容から，どのようなことが
言えるか，最も適切なものを，4つの選択肢(①〜④)のうちから1つ選びなさ
い。 33

The Effect of Policy on Women's Participation in Legislatures 2017

	Country	Percentage of Women	Quota
1	Senegal	41.8%	Yes**
2	Norway	41.4%	Yes*
3	France	38.8%	Yes***
4	New Zealand	38.3%	Yes*
5	Argentina	38.1%	Yes***
6	Iceland	38.1%	Yes*
7	Ecuador	38.0%	Yes**
8	Holland	36.0%	No
9	Austria	34.4%	Yes*
10	East Timor	32.3%	Yes**
11	England	32.0%	Yes*
12	Japan	10.1%	No

*Measures to increase women's participation being taken by more than one political party

**Quota system by law

***Quota system by law and voluntarily

① Policy is effective across countries in different regions.
② Policy is not related to women's participation.
③ The gap between men and women has increased through policies.
④ The increases have largely taken place in European countries.

第6問 (配点14点) 音声は1回流れます。⑤分 ◀)) 83〜84▸▸ 解答 本冊 P.127

A 　第6問Aは問34・問35の2問です。2人の対話を聞き，それぞれの問いの答えとして最も適切なものを，4つの選択肢(①〜④)のうちから1つずつ選びなさい。(問いの英文は書かれています。)<u>状況と問いを読む時間が与えられた後，音声が流れます。</u>

> 状況
> 2人の大学生が情報収集について話しています。

問34　What is Tom's main point? 　34

① He is not a successful person.
② His temperament caused the problem.
③ The information happened to be incorrect.
④ The restaurant was too crowded.

問35　What is Susan's main point? 　35

① Having access to information causes nothing but trouble.
② Having access to information is not always a good thing.
③ They should find another restaurant.
④ Tom will not be successful in his career.

B　第6問Bは問36・問37の2問です。会話を聞き，それぞれの問いの答えとして最も適切なものを，選択肢のうちから1つずつ選びなさい。後の表を参考にしてメモを取ってもかまいません。**状況と問いを読む時間が与えられた後，音声が流れます。**

状況

Professor Cheng がインターネット上のコンテンツの規制(Internet content regulation)について講演した後，質疑応答の時間がとられています。司会(moderator)が聴衆からの質問を受けつけています。Lisa と Sanjay が発言します。

問36　3人のうち，<u>インターネット上のコンテンツの規制に対して反対の立場で意見を述べている人</u>を，4つの選択肢(①〜④)のうちから1つ選びなさい。
　　　36

①　Lisa　　　　　　　　　　　　②　Sanjay
③　Lisa and Professor Cheng　　④　Sanjay and Professor Cheng

問37 会話を踏まえて，Professor Cheng の意見を支持する図表を，4つの選択肢(①～④)のうちから1つ選びなさい。 [37]

①

Internet Providers in U.S.

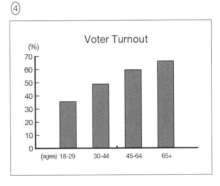

②

Smartphone Penetration

Percentage of the population owning a smartphone

1	United Arab Emirates	82.20%
2	Sweden	74.00%
3	Switzerland	73.50%
4	South Korea	72.90%
5	Taiwan, China	72.20%

③

Incidence of Internet Crimes 2013-2018

400,000
350,000
300,000
250,000
200,000
150,000
100,000
50,000
0
2013 2014 2015 2016 2017 2018

④

Voter Turnout

(%)
70
60
50
40
30
20
10
0
(ages) 18-29   30-44   45-64   65+

重要語句の確認テスト

スクリプト中に出てくる重要語句を品詞別にまとめてあります。英語の意味を空白部分に書き，ページ下の「答」で正解を確認しましょう。覚えていないものはもう一度英文に戻って意味を確認しましょう。（　）内の数字は語句を含む英文が掲載されている本冊のページ番号です。**例** 10-1「10 ページの第 1 段落」

動詞

1 miss (16)	15 replace (75-1)
2 mean (27)	16 match (75-2)
3 consider (41)	17 achieve (75-3)
4 yell (45)	18 invest (76-4)
5 handle (47)	19 update (76-4)
6 bother (52)	20 complain (76-4)
7 join (52)	21 manage (76-4)
8 calculate (53)	22 bump (82)
9 serve (56-2)	23 text (82)
10 receive (61)	24 convince (82)
11 locate (63-2)	25 cost (82)
12 peak (66-1)	26 reduce (85)
13 affect (66-3)	27 distract (85)
14 influence (72)	28 suppose (85)
	29 maintain (90)

答 動詞 1 （乗り物）に乗り遅れる，〜を見落とす／2 〜を指して言う／3 〜を考慮に入れる／4 叫ぶ，わめく／5 〜を扱う／6 気にかける／7 〜に加わる／8 〜を計算する／9 （食事）を出す／10 〜を受け取る／11 （受身形で）位置する／12 頂点に達する／13 〜に（強い）影響を及ぼす／14 〜に影響を与える／15 〜に取って代わる／16 〜と釣り合う／17 （目標など）を達成する／18 （金など）を投資する／19 （プログラム）を最新のものに更新する／20 不平を言う／21 （集団など）を管理する／22 どすんとぶつかる／23 （人）に携帯電話でメールを送る／24 〜を納得させる／25 （値段）がかかる／26 （数量など）を減らす／27 （注意など）をそらす／28 〜だと思う／29 〜を維持する

30	ruin (93)		6	facility (59)
31	mention (93)		7	rent (63-1)
32	demonstrate (93)		8	survey (66-2)
33	spread (94)		9	trend (66-3)
34	prefer (98)		10	access (66-3)
35	survey (116)		11	accuracy (67-4)
36	remain (116)		12	organization (67-5)
37	increase (116)		13	election (73)
38	double (121-1)		14	artificial intelligence (75-1)
39	fill (121-4)		15	element (75-2)
40	predict (122-5)		16	grade (75-3)
41	implement (125)		17	progress (76-4)
42	irritate (127)		18	behavior (76-4)
43	involve (130)		19	advantage (76-5)
44	concern (130)		20	breakdown (79)
45	promote (130)		21	material (79)

名詞

			22	presentation (85)
			23	guarantee (90)
1	opposite (35)		24	wage (118)
2	attendance (53)		25	participation (121-1)
3	option (53)		26	legislature (121-1)
4	sum (53)		27	reverse (121-2)
5	reputation (59)		28	decrease (121-3)

答 30 ～をだめにする／31 ～に言及する／32 ～を論証する／33 広がる／34 ～のほうを好む／35 ～を調査する／36 ～のままである／37 増える；高める／38 2倍になる／39 （地位）を占める／40 ～を予言する／41 （政策など）を実行する／42 ～をいらいらさせる／43 （人）を（～に）巻き込む／44 （受身形で）心配している／45 ～を宣伝して売り込む　名詞　1 反対のもの／2 出席／3 選択権／4 合計／5 評判／6 施設／7 家賃／8 調査／9 傾向／10 （情報などの）入手／11 正確さ／12 組織／13 選挙／14 人工知能／15 要素／16 評点／17 進歩／18 振る舞い／19 利点／20 内訳／21 材料, 資料／22 （学会などでの）発表／23 保証／24 賃金／25 参加／26 （国家の）立法機関／27 逆／28 減少

29	factor (121-3)	15	detailed (76-4)
30	lack (121-3)	16	independent (90)
31	policy (121-4)	17	distinctive (90)
32	decline (122-5)	18	positive (93)
33	majority (122-5)	19	negative (93)
34	regulation (130)	20	whole (93)
35	extension (130)	21	worth (111)

形容詞

1	smart (34)	22	impressive (113)
		23	hourly (118)
2	previous (40)	24	prior (118)
3	comfortable (47)	25	fair (118)
4	traditional (56-2)	26	confusing (119-2)
5	excellent (56-2)	27	reasonable (119-4)
6	possible (61)	28	female (121-4)
7	available (65-1)	29	immediate (122-5)
8	profitable (66-3)	30	voluntary (125)
9	local (66-3)	31	misleading (130)
10	experienced (67-4)		
11	fake (67-5)	**副詞**	
12	influential (72)	1	comfortably (40)
13	individual (75-1)	2	actually (41)
14	motivated (75-2)	3	normally (42)
		4	finally (52)

答 29 要因／30 不足／31 政策／32 衰え；減少／33 大多数；過半数／34 取り締まり／35 延長部分
形容詞 1 頭のよい／2 前の／3 快適な／4 伝統的な／5 素晴らしい／6 可能な／7 手に入る，利用できる／8 利益になる／9 地元の／10 熟練した／11 にせの／12 大きな影響を及ぼす／13 個々の／14 意欲がある／15 詳細な／16 自営の／17 独特の／18 積極的な，前向きの／19 消極的な，悲観的な／20 全体の／21 〜の値打ちがある／22 印象的な；見事な／23 1時間(ごと)の／24 前の／25 公平な／26 頭を混乱させる(ような)／27 合理的な；ほどほどの／28 女性の／29 即座の／30 自発的な，任意の／31 人の判断を誤らせる **副詞** 1 快適に／2 実は／3 ふつうは／4 ついに；やっと

5	altogether	17	shut down
	(85)		(66-3)
6	though	18	in contrast
	(90)		(67-4)
7	exactly	19	take a look at ～
	(93)		(72)
8	significantly	20	provide ～ with ...
	(121-1)		(75-2)
9	ideally	21	on the other hand
	(130)		(76-4)

熟語・表現

1	Would you mind *do*ing?	22	break down
	(10)		(76-4)
2	How come ...?	23	watch out
	(19)		(82)
3	not as ～ as I thought	24	take away ～
	(24)		(82)
4	be likely to *do*	25	in general
	(32)		(85)
5	stop by ～	26	take over ～
	(37)		(90)
6	give up on ～	27	tend to *do*
	(39)		(93)
7	by *one*self	28	keep ～ *do*ing
	(45)		(101)
8	would rather ～ (than ...)	29	deserve to *do*
	(46)		(112)
9	used to *do*	30	sound like ～
	(47)		(112)
10	with ～ ...	31	to the point
	(47)		(119-1)
11	in fact	32	get to *do*
	(48)		(119-2)
12	due to ～	33	contribute to ～
	(50)		(121-4)
13	end up *do*ing	34	happen to *do*
	(52)		(127)
14	add up ～	35	regardless of ～
	(53)		(127)
15	expect ～ to *do*	36	be dependent on ～
	(63-1)		(130)
16	no longer	37	prove to *do*
	(66-3)		(130)
		38	bring up ～
			(131)

答 5 全く／6 …だけれども／7 正確に，まさに／8 著しく／9 理想的には；理論的には **熟語・表現**
1 ～していただけませんか。／2 なぜ…だろう。／3 思ったほど～でない／4 ～する可能性が高い／5 ～にちょっと立ち寄る／6 ～を見限る／7 1人で／8 （…するより）むしろ～したい／9 ～するのが習慣だった／10 ～を…しながら／11 実は／12 ～のせいである／13 結局は～することになる／14 ～を合計する／15 ～が…することを予期する／16 もはや～ない／17 （工場などが）閉鎖される／18 それとは対照的に／19 ～を見る／20 ～に…を提供する／21 他方では／22 故障する／23 気をつける／24 ～を奪う／25 一般（的）に／26 ～を引き継ぐ／27 ～する傾向がある／28 ～に…させ続ける／29 ～するに値する／30 ～のように聞こえる／31 的を射た／32 ～するようになる；～できる／33 ～の一因となる／34 偶然～する／35 ～に（も）かかわらず／36 ～に依存している／37 ～することがわかる／38 （問題など）を持ち出す

模試にチャレンジ　解答用紙

このページをコピーして、自分の解答をマークして記録しましょう。

第1問〜第3問

問題番号（配点）	解答番号	解答欄	配点	小計
第1問（25）A（16）	1	① ② ③ ④ ⑤ ⑥ ⑦ ⑧ ⑨	4	/16
	2	① ② ③ ④ ⑤ ⑥ ⑦ ⑧ ⑨	4	
	3	① ② ③ ④ ⑤ ⑥ ⑦ ⑧ ⑨	4	
	4	① ② ③ ④ ⑤ ⑥ ⑦ ⑧ ⑨	4	
B（9）	5	① ② ③ ④ ⑤ ⑥ ⑦ ⑧ ⑨	3	/9
	6	① ② ③ ④ ⑤ ⑥ ⑦ ⑧ ⑨	3	
	7	① ② ③ ④ ⑤ ⑥ ⑦ ⑧ ⑨	3	
第2問（16）	8	① ② ③ ④ ⑤ ⑥ ⑦ ⑧ ⑨	4	/16
	9	① ② ③ ④ ⑤ ⑥ ⑦ ⑧ ⑨	4	
	10	① ② ③ ④ ⑤ ⑥ ⑦ ⑧ ⑨	4	
	11	① ② ③ ④ ⑤ ⑥ ⑦ ⑧ ⑨	4	
第3問（18）	12	① ② ③ ④ ⑤ ⑥ ⑦ ⑧ ⑨	3	/18
	13	① ② ③ ④ ⑤ ⑥ ⑦ ⑧ ⑨	3	
	14	① ② ③ ④ ⑤ ⑥ ⑦ ⑧ ⑨	3	
	15	① ② ③ ④ ⑤ ⑥ ⑦ ⑧ ⑨	3	
	16	① ② ③ ④ ⑤ ⑥ ⑦ ⑧ ⑨	3	
	17	① ② ③ ④ ⑤ ⑥ ⑦ ⑧ ⑨	3	

第4問〜第6問

問題番号（配点）	解答番号	解答欄	配点	小計
第4問（12）A（8）	18	① ② ③ ④ ⑤ ⑥ ⑦ ⑧ ⑨	4*	/8
	19	① ② ③ ④ ⑤ ⑥ ⑦ ⑧ ⑨		
	20	① ② ③ ④ ⑤ ⑥ ⑦ ⑧ ⑨		
	21	① ② ③ ④ ⑤ ⑥ ⑦ ⑧ ⑨	1	
	22	① ② ③ ④ ⑤ ⑥ ⑦ ⑧ ⑨	1	
	23	① ② ③ ④ ⑤ ⑥ ⑦ ⑧ ⑨	1	
	24	① ② ③ ④ ⑤ ⑥ ⑦ ⑧ ⑨	1	
B（4）	25	① ② ③ ④ ⑤ ⑥ ⑦ ⑧ ⑨	4	/4
	26	① ② ③ ④ ⑤ ⑥ ⑦ ⑧ ⑨	3	
第5問（15）	27	① ② ③ ④ ⑤ ⑥ ⑦ ⑧ ⑨	4*	/15
	28	① ② ③ ④ ⑤ ⑥ ⑦ ⑧ ⑨		
	29	① ② ③ ④ ⑤ ⑥ ⑦ ⑧ ⑨		
	30	① ② ③ ④ ⑤ ⑥ ⑦ ⑧ ⑨		
	31	① ② ③ ④ ⑤ ⑥ ⑦ ⑧ ⑨	4	
	32	① ② ③ ④ ⑤ ⑥ ⑦ ⑧ ⑨	4	
	33	① ② ③ ④ ⑤ ⑥ ⑦ ⑧ ⑨	3	
第6問（14）A（6）	34	① ② ③ ④ ⑤ ⑥ ⑦ ⑧ ⑨	3	/6
	35	① ② ③ ④ ⑤ ⑥ ⑦ ⑧ ⑨	3	
B（8）	36	① ② ③ ④ ⑤ ⑥ ⑦ ⑧ ⑨	4	/8
	37	① ② ③ ④ ⑤ ⑥ ⑦ ⑧ ⑨	4	

得点　／100

* は、全部正解の場合のみ点を与える。

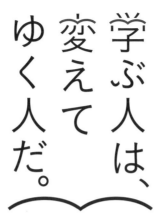

学ぶ人は、
変えて
ゆく人だ。

目の前にある問題はもちろん、

人生の問いや、

社会の課題を自ら見つけ、

挑み続けるために、人は学ぶ。

「学び」で、

少しずつ世界は変えてゆける。

いつでも、どこでも、誰でも、

学ぶことができる世の中へ。

旺文社

大学入学

共通テスト
英語
リスニング
実戦対策問題集

水野 卓 著

改訂版

旺文社

　2021年，大学入試センター試験に代わり新たに導入された「大学入学共通テスト」は単なる「センター試験に代わるもの」では決してありません。特に英語は，リーディングとリスニングの配点の比率が１：１となったことに象徴されるように，高等学校における英語指導の基本方針がこれまでの知識重視から実用能力重視へと舵を切りつつある現在の姿をそのまま具現化した試験になっています。リーディング，リスニングとも実生活に深くかかわる形式・内容の素材から出題され，いずれも短時間で圧倒的な量の解答作業が要求されるため，当然，受験生にはこうした求めに最短距離で応じられる十分な対策が必要となるわけです。

　この十分な対策の一環として，受験生のみなさんが，問題を解くことを通じて共通テストの特徴や無駄のない解答作業のプロセス，意識すべきポイント等，対策の最重要事項を十分に理解できるようにとの思いの下に誕生したのが本書です。本格的な問題演習に臨む受験生のために，問題の正しい眺め方と解答を導くための考え方や必要なプロセスが無理なく身につくよう構成されています。本書に掲載された問題を解き，解説を読むという最低限の作業を数回行ってください。たったそれだけの努力で１つ１つの設問の意図を正しく理解し，適切に対処する力が向上し，共通テストに対して「あとは実戦あるのみ」と大きな自信を手にすることができるでしょう。本書が１人でも多くの受験生の自信の源になってくれることを願っています。

　本書がすべての受験生に対して自信を持って薦められるものとなったのは，作問でご協力いただいた先生方と，英語講師としての私をここまで育ててくれたすべての生徒達のおかげにほかなりません。この場をお借りしてあらためて厚くお礼申し上げます。

水野　卓

も く じ

▶▶ 大問別問題　解答・解説

▶▶ 模試にチャレンジ

執筆協力：土居章次郎／株式会社シー・レップス　校正：白石あゆみ　装丁・本文デザイン：内津 剛（及川真咲デザイン事務所）　イラスト・図版：駿高泰子／株式会社シー・レップス　録音・編集：ユニバ合同会社　ナレーション：Ryan Drees ／ Emma Howard ／ Marcus Pittman ／ Jenny Skidmore／木本景子　編集担当：嶋田諭示

本書の使い方

　本書は，「大学入学共通テスト」（以下，「共通テスト」）の形式に慣れ，実戦力をつけるための問題集です。各大問の出題形式を知り，その効率的な解法を習得したうえで，仕上げとして模試で実力確認ができます。

別冊（問題）

　本書に掲載されている問題は，すべて最新の共通テストの傾向分析に基づいて作られたオリジナル問題です。

▶▶ 1st Try / 2nd Try

　「共通テスト　英語リスニング」で出題される**大問別の構成**です。第1問・第2問は2回読み，第3問〜第6問は1回読みとなり，難度が上がります。

　1st Try，2nd Try と同じ形式を2回続けて解くことで，**各大問の設問の特徴に応じた取り組み方**をつかむことができるようになっています。

▶▶ 模試にチャレンジ

　共通テスト本試験に準拠した問題1セット分で，実力を確認することができます。解答を別冊巻末の解答用紙に記録するか，または公式アプリ「学びの友」を使えばカンタンに自動採点ができ，到達度を一目で把握することができます。詳しくは8ページをご覧ください。

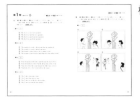 模試

 解答用紙

▶▶ 重要語句の確認テスト

　別冊巻末には，英文中の重要語句の確認テストを設けてあります。リスニングに欠かせない語句知識が身についているかどうかを確認しましょう。

1st Try，2nd Try の順に，解答，スクリプト，スクリプトの訳，英文中の語句解説，そして各問いの解説を掲載しています。1st Try では，特徴的な問いに対して**問いのねらい**と**解法のポイント**を解説します。

各問いには，★1つから5つまでの5段階のレベル表示がついています。自分の解答結果と照らし合わせて参考にしてください。

よりよく解説を理解するために

「共通テスト　英語リスニング」において正解率を上げるためには，「**正解につながる情報を待ち伏せて聞けるか**」がポイントとなります。本書の解説はこの「英文を聞く際の準備」について徹底して解説しています。

解説中のマークはそれぞれ次のような意味を示しています。

Words to catch

読み上げられる英文の中で集中して聞き取るべき語句のこと。

Focus

正解につながる情報を正しく聞き取るために注意すべき点のこと。

In Short

英文全体を一言にまとめる，つまり要約すること。

Sketch

英文を段落ごとに要約して表すことで論の展開を大きくとらえること（"sketch" には「概略」という意味がある）。

記号一覧

動……動詞　名……名詞　形……形容詞　副……副詞　前……前置詞　熟……熟語
接頭……接頭辞

5

大学入学共通テスト 英語 リスニングの概要と特徴

　「共通テスト」は，各大学の個別試験に先立って（あるいはその代わりに）実施される，全国共通のテストです。国公立大学志望者のほぼすべて，私立大学志望者の多くが，このテストを受験することになります。

　「大学入学共通テスト　本試験」における「英語　リスニング」テストは，30分で6つの大問を解く構成（全問マーク式の解答形式）で，以下のような特徴があります。

▼ 2024年度 大学入学共通テスト　英語 リスニングの構成

大問		小問数	分野〈英文タイプ〉	語数（程度）	レベル
第1問	A	4	短い発話・内容一致	各15	易
	B	3	短い発話・内容一致（イラスト）		易～標準
第2問		4	短い対話・質問選択（イラスト）	各35	易～標準
第3問		6	短い対話・質問選択	各50	標準
第4問	A	8	モノローグ（説明文）・図表完成	計150	標準
	B	1	複数人の説明・質問選択	40×4	標準
第5問		7	モノローグ（講義）・ワークシート完成，質問選択	330	やや難
第6問	A	2	対話（議論）・質問選択	150	標準～やや難
	B	2	複数人の会話（議論）・質問選択	220	やや難

特徴①　第3問以降は英文（特に第4問～第6問はかなり長い文章）が1度しか読まれない。
特徴②　分析や推測など「英文の内容を聞き取るだけでない」問題がある。
特徴③　問題用紙の情報に関連付けて解答を導く問題がある。

　聞き取る英語の語数は全体で約1,500語ありました。次ページでは，共通テスト 英語 リスニング試験においてどのようなスキルが問われるかを解説します。

共通テストの特徴に応じたリスニングのスキルとは

特徴① 第３問以降は英文（特に第４問〜第６問はかなり長い文章）が１度しか読まれない。

特徴② 分析や推測など「英文の内容を聞き取るだけでない」問題がある。

特徴③ 問題用紙の情報に関連付けて解答を導く問題がある。

　最も重要なのは，リスニングという作業の盤石な基礎力を身につけることです。①について「１度しか読まれない」の部分は「聞き取り能力」よりもむしろ「設問対応力」に関するポイントであり，それほど大きな困難にはなりません。それよりも「かなり長い」の部分が第１の関門になります。

　まずは英語を「聞き慣れること」から「聞き疲れない」スタミナを養うことが第１の対策です。②③についてはその後の話です。

▶ 長い文章を聞き取るために必要なことは ───────────

　はじめに養うべき「スキル」は，共通テストの第１問に出題されるレベルの「１文」を正確に聞き取る力を身につけることです。次に必要なのが，同じレベルの文が連続して流れてくることへの「慣れ」です。この「スキル×慣れ」が，上で述べた「スタミナ」の正体です。ですから，「慣れ」を養う前に，まず１文を正確に聞き取るスキルをしっかり身につけることを心がけて具体的な対策をスタートしましょう。

▶ 情報をつかまえる力をつけるには ───────────────

　これはリーディングの設問対策と全く同じです。最終的には演習を繰り返す以外ありませんが，問題には決まった形があり，それぞれには最大公約数的な共通点が多数あります。問題用紙にある情報や文章の流れのパターン等，各問題の「公式」とも言えるこうした共通点を，本書を通じてまずは正しく把握しましょう。

　いたずらに問題演習を繰り返すのではなく，**正しいプロセスの解答作業を**繰り返すことで，はじめて情報把握力に磨きをかけることができるのです。これを繰り返すうちに自然と②③に対応する力が身につきます。

付属音声について

　本書に収録されたすべての問題音声を，専用ウェブサイト・スマートフォンアプリで聞くことができます。問題音声には問題文を読むため，または解答するために音の流れない時間があります。また「模試にチャレンジ」では，共通テスト本試験同様，日本語による指示が流れます。音声の番号は◀》01のように示しています。

●ウェブサイトで聞く方法
・以下のサイトにアクセスし，パスワードを入力してください。
　https://service.obunsha.co.jp/tokuten/jissentaisaku2/
　※すべて半角英数字。検索エンジンの「検索欄」は不可。
　パスワード：ktlistening2
・右の二次元コードからもアクセスできます。
・音声ファイルをダウンロードするか，ウェブ上で再生するかが選べます。

●スマートフォンアプリで聞く方法
・音声をスマートフォンアプリ「英語の友」で聞くことができます。「英語の友」で検索するか，右の二次元コードからアクセスしてください。
・パスワードを求められたら，上と同じパスワードを入力してください。

　ご注意ください　◆音声を再生する際の通信料にご注意ください。◆音声は MP3 形式となっています。音声の再生には MP3 を再生できる機器などが別途必要です。デジタルオーディオプレーヤーなどの機器への音声ファイルの転送方法は，各製品の取り扱い説明書などをご覧ください。ご使用機器，音声再生ソフトなどに関する技術的なご質問は，ハードメーカーもしくはソフトメーカーにお問い合わせください。◆スマートフォンやタブレットでは音声をダウンロードできないことがあります。◆本サービスは予告なく終了することがあります。

自動採点について

本書の「模試にチャレンジ」（別冊 47 ページ）は，無料の公式アプリ「学びの友」で，簡単に自動採点ができます。

①以下の URL か右の二次元コードから，公式サイトにアクセスしてください。
　https://manatomo.obunsha.co.jp/
②アプリを起動後，「旺文社まなび ID」に会員登録してください（無料）。
③アプリ内のライブラリより本書を選び，「追加」ボタンをタップしてください。

※iOS ／ Android 端末，Web ブラウザよりご利用いただけます。
※本サービスは予告なく終了することがあります。

1st/2nd Tryの
解答と解説

解説中のマークについて

Words to catch
　読み上げられる英文の中で集中して聞き取るべき語句のこと。

Focus
　正解につながる情報を正しく聞き取るために注意すべき点のこと。

In Short
　英文全体を一言にまとめる，つまり要約すること。

Sketch
　英文を段落ごとに要約して表すことで論の展開を大きくとらえること（"sketch"には「概略」という意味がある）。

1st

▶▶ 問題 別冊 P.4

解答

A

問1	1	③
問2	2	②
問3	3	①
問4	4	④

問1　★☆☆☆☆

スクリプト

Would anyone mind opening the front door? It's too hot inside.

スクリプトの訳

どなたか玄関のドアを開けていただけませんか。家の中があまりに暑くて。

語句

Would you mind *doing*?
熟 ～していただけませんか。

inside 副 屋内で

解説

訳
① 話者はドアを通るのに助けを必要としている。
② 話者はエアコンをつけるのに助けを必要としている。
③ **話者は新鮮な空気を入れたいと思っている。**
④ 話者は自分でドアを開けたいと思っている。

解説

Focus

「動詞以降に集中」は基本中の基本。
第1文の mind opening the front door? ＝「玄関のドアを開けてくれませんか」で②
④が消える。続いて第2文の too hot「暑すぎ」で①が消える。正解は③。

10

問2　★☆☆☆☆

スクリプト

The concert will be great for sure. I can't wait!

スクリプトの訳

コンサートは間違いなくすばらしいものになるよ。待ちきれない！

語句

for sure 熟 確かに

解説

訳
① 話者はコンサートに行くことができない。
② 話者はコンサートにワクワクしている。
③ 話者はコンサートに興味がない。
④ 話者はコンサートがよいものになるかどうか，よくわからない。

解説

Focus

2か所の動詞以降に集中！ 「イメージ」を聞き取る。
第1文の will be great＝「プラスイメージ」から③④が消え，続く第2文の can't wait!「待ちきれない＝プラスイメージ」で①が消える。したがって正解は②。

問3　★★☆☆☆

スクリプト

The store had good apples, but I didn't buy them because the other store had more delicious ones.

スクリプトの訳

その店ではおいしいリンゴを売っていましたが，もう1軒の店のほうがもっとおいしいリンゴを売っていたので，買いませんでした。

語句

delicious 形 非常においしい

訳
① もう1軒の店のリンゴはよりおいしいものだった。
② もう1軒の店のリンゴは特売中だった。
③ もう1軒の店のリンゴは本当に高かった。
④ もう1軒の店のリンゴは売り切れていた。

解説

Focus

選択肢の The apples at the other store に関する情報に集中する。

すべては the other store 直後の「動詞以降」の内容になる。had more delicious ones「もっとおいしいものがあった」と言っているので，正解は①。

問4　★★☆☆☆

スクリプト

We have been studying for three hours now. Let's take a short break.

スクリプトの訳

もう3時間も勉強してるよ。ちょっと休憩しよう。

語　句

take a break 熟 休憩を取る

解　説

訳
① 話者は勉強し始めたばかりだ。　② 話者は今，寝る準備ができている。
③ 話者は1人で勉強している。　④ 話者はあとでさらに勉強する必要がある。

解説

Focus

2か所に「注目」ならぬ“注耳”。

We have been studying for three hours now. // Let's take a short break.

☞ **Words to Catch** (ⅰ)　　　　　　　☞ **Words to Catch** (ⅱ)

「私たちは勉強し続けている」　　＋　　「ちょっとだけ休む」

第1文の We have been studying「私たちは勉強し続けている」から，①と③が消える。第2文の「ちょっとだけ休む」で②がアウト。正解が④に決まる。「動詞以降」が中心と言ってもやはり SV はセット。「誰が何をした／する」を聞き取ることが基本姿勢であることは言うまでもない。

📎問いのねらい 短い発話の内容を正しく理解するために特に重要な情報を聞き取れるか？

解法のポイント

読み上げられる英文の中で**集中して聞き取るべき情報**（= Words to Catch ）を「**待ちかまえる**」のが基本姿勢。読み上げられる**英文は2部構成**であり，その**それぞれに1つずつ聞き取るべき情報**が含まれている。

☞**集中して聞き取るべきは2か所の「動詞以降」。**

■問1

Would anyone mind opening the front door? // It's too hot inside.
　　　　　　ドアを開けてほしい　　　　　+　　　暑すぎ

■問2

The concert will be great for sure. // I can't wait!
　　　　　すごそう　　　　　+　待てない

■問3

The store had good apples, but I didn't buy them
// because the other store had more delicious ones.
　　　　　　もっとおいしいものがあった
　　　　（➡問3は後半部分の1か所だけでOK）

13

解 答

B

問1	5	③
問2	6	④
問3	7	②

問1　★★☆☆☆

スクリプト

He went to the grocery store before he went home and walked his dog.

スクリプトの訳

彼は帰宅して犬を散歩させる前に食料品店に行った。

語 句

grocery store 名 食料品店　　　　　　walk 動 （犬など）を散歩させる

解 説

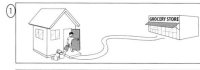

📎**問いのねらい**　**イラストに示された対立点を把握できるか？**

解法のポイント

選択肢がイラストになっている問題では，**「イラストに示された対立点」**をあらかじめ**確認**して Words to Catch を把握することが解答作業最大のポイントになる。

☞**「2つの対立点」**から Words to Catch を把握する。

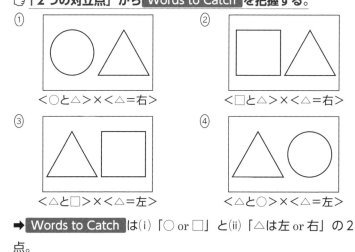

① ＜○と△＞×＜△＝右＞

② ＜□と△＞×＜△＝右＞

③ ＜△と□＞×＜△＝左＞

④ ＜△と○＞×＜△＝左＞

➡ Words to Catch は(i)「○ or □」と(ii)「△は左 or 右」の2点。

解説

Focus

「設問の構図」を事前に把握する。

イラストの内容は①，③が「家」，②，④が「図書館」。さらに，①，②が「これから買い物」，③，④が「買い物のあと」。ここから，Words to Catch は(i)「家 or 図書館」，(ii)「買い物の前 or 後」の2点。聞き取りには，before/after を中心とした「前後関係」を表す表現を特に意識して臨む。英文後半に現れる before he went home and walked his dog「帰宅→犬の散歩」の「前に」が最大の聞きどころで，これによって正解が③に決まる。

問2　★★☆☆☆

I should have brought a jacket.

ジャケットを持ってくればよかった。

jacket 名 ジャケット

解説
Focus

2つの「どっち」を聞き取る。

イラストから，(i)天気＝「晴れ」or「寒い」，(ii)ジャケット＝「あり」or「なし」の2点について，それぞれどっちなのかを聞き取ればよいことがわかる。〈should have ＋過去分詞〉「～すべきだったのに（しなかった）」が用いられていて，話者がジャケットを「持ってこなかった」ことを「後悔」していることから，(i)＝「寒い」，(ii)＝「なし」と判断できるので，④が正解。

問3　★★☆☆☆

He almost missed the bus.

彼はあぶなくバスに乗り遅れるところだった。

almost 副 あぶなく～するところ　　　miss 動 (乗り物)に乗り遅れる

解説

解説

Focus

これもまた「2つのどっち」。

1つは①，②の「バスに乗っている」と，③，④の「バスに乗っていない」，そしてもう1つは，①，③の「リラックス／笑顔」と，②，④の「焦燥 → 安堵／ショック」。これまでの問題同様，動詞を意識して聞き取る。almost missed「あぶなく乗り遅れるところだった」は「ギリギリ乗れた」を表す。正解は②。

2nd

▶▶ 問題 別冊 P.8

解答

A

問1	1	③
問2	2	④
問3	3	③
問4	4	①

問1　★☆☆☆☆

スクリプト

Have you eaten, Koji? I'm going to the cafeteria.

スクリプトの訳

コージ，もうご飯食べた？　僕，カフェテリアに行くんだけど。

語句

cafeteria 名 カフェテリア(セルフサービスの食堂)

解説

訳
　① 話者はカフェテリアに行ってきたばかりである。
　② 話者は宿題を終えたばかりである。
　③ **話者はコージと一緒に食事をしたいと思っている。**
　④ 話者はコージと一緒に勉強したいと思っている。

解法のポイント

☞「具体的な動作」が解答の根拠となることから，「**動詞から後ろ**」に**現れる情報**が聞き取りの中心となる。英文は基本的に1文ないし2文で，1文の場合でも前後半の2部構成であり，Words to Catch は「**2か所の動詞以降**」である。

解説

第1文 eaten, Koji?「コージ，食べた？」から「食事」についての話題ということがわかる。したがって②，④が消える。第2文「これからカフェテリアに行く」から①が消え，正解が③になる。

問2　★☆☆☆☆

スクリプト

I thought you liked skiing, Hiromi. How come you are not coming?

スクリプトの訳

君はスキーが好きなんだと思ってたよ，ヒロミ。どうして来ないの？

語句

How come ...?　熟　なぜ…だろう。

解説

訳
- ① 話者はヒロミが来たいと思っていることに驚いている。
- ② 話者はヒロミが来ないことを知っていた。
- ③ 話者はヒロミがなぜ来ないのか知っている。
- ④ **話者はヒロミが間違いなく来ると思っていた。**

解説

Focus

SV に "注耳" する。

I thought, you liked, you are not coming の3つで情報は十分だろう。第2文の〈How come ...?〉は〈Why ...?〉と同じ「どうして…なの？」の意味を表す。来ない

理由を尋ねていることから,「来ると思っていた」ことがわかる。正解は④。

問3　★☆☆☆☆
スクリプト

Well, it's about time to go.　Thank you for everything.　It was a great party.

スクリプトの訳

そろそろおいとまします。いろいろありがとうございました。すばらしいパーティーでした。

語　句

Thank you for everything. 熟 いろいろありがとう。

解　説

訳
　① 話者はパーティーに着いたばかりである。
　② 話者はすでにパーティーの場を離れた。
　③ **話者はさようならを言っている。**
　④ 話者はパーティーの主催者である。

解説
Focus
会話典型表現を聞き取って「場面」を想像する。
第1文の it's about time to go から①と②がアウト。さらに,最終文から「客」であることが判断できるから,正解は③になる。

問4　★☆☆☆☆
スクリプト

I was going to go to the baseball game yesterday, but I got sick and had to stay home.

スクリプトの訳

昨日は野球の試合を見に行く予定だったんだけど,具合が悪くなって,家にいなきゃならなかったんだ。

語　句

get sick 熟 病気にかかる

解　説

訳

① 話者は具合が悪かったので野球の試合を見に行かなかった。
② 話者は野球の試合を見に行く計画はしていなかった。
③ 話者は野球の試合を見に行って具合が悪くなった。
④ 話者は野球の試合を見に行ったが，プレーはしなかった。

解説

Focus

問1同様の基本問題。前後半の両方の「動詞以降」を聞き取れば終了。

前半 was going to go ＋後半 had to stay home ＝①。

解 答

B

問1	5	①
問2	6	②
問3	7	②

問1　★★☆☆☆

スクリプト

I was getting off the train when my mother called.

スクリプトの訳

電車を降りようとしていたとき，お母さんから電話があった。

語 句

get off ～ 熟 (乗り物)から降りる

解 説

解法のポイント

☞イラストの見方がリスニングのフォーカスを明確にする。**イラストに示された2つの対立点**を事前に正しく確認する。

解説

Words to Catch

(i)〈降りる or 乗る〉, (ii)〈かかってくる or かける〉

イラストの内容は①「降りる」×「電話がかかってくる」, ②「降りる」×「電話をかける」, ③「乗る」×「電話がかかってくる」, ④「乗る」×「電話をかける」。前半で getting off「降りる」, 後半で my mother called「かかってくる」をそれぞれつかまえる。正解は①である。

問2　★☆☆☆☆

スクリプト

She saw him entering the classroom and then left the classroom.

スクリプトの訳

彼女は彼が教室に入ってくるのを見たあとに教室を出た。

語　句

enter 動 (場所)に入る

解　説

解説

Focus

事前にイラストをどう見ればいいか？

①「男子が入る」×「男子が出る」, ②「男子が入る」×「女子が出る」, ③「女子が入る」×「女子が出る」, ④「女子が入る」×「男子が出る」。つまり(i)「入るのは男子 or 女子」, (ii)「出るのは男子 or 女子」が聞き取りのポイント。前半 him entering で「入るのは男子」。ポイントは後半 left で, She saw ... and then left と2つの過去形が and で並ぶ。つまり主語は She で「出るのは女子」。正解は②。

問3　★★☆☆☆

スクリプト

John was tall, but not as tall as I thought.

スクリプトの訳

ジョンは背が高かったけれど，私が思ったほどではなかった。

語 句

not as ～ as I thought　熟 思ったほど～でない

解 説

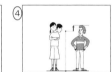

解説

Focus

「2つの対立点」を確認する。

イラストの対立点は(i)「背が高い or 低い」，(ii)「予想どおり or 予想と違った」，の2つ。前半で(i)=「高い」が決まり，①②のいずれかということになる。後半 not as tall as I thought で(ii)=「予想違い」とわかる。正解は②。

第2問

1st

▶ 問題 別冊 P.12

解答

問1	8	②
問2	9	④
問3	10	③
問4	11	④

問1　★☆☆☆☆

スクリプト

W：Wait! There is a space right in front of the entrance!

M：That is handicapped only. We can't park there.

W：But all the other places are taken!

M：Relax. I saw one in the back, right by the trees.

Question：Where does the man want to park his car?

スクリプトの訳

女性：待って！　入口のすぐ前が空いてるわ！

男性：あれは障害者専用。止められないよ。

女性：でも他はどこも空いてないじゃない！

男性：落ち着けって。後ろの植木のすぐそばに1つ空いてたよ。

問い：男性はどこに車を止めたいと思っているか。

語句

space　名（空いている・利用できる）場所

entrance　名（～への）入口

handicapped　形 身体[精神]に障害のある

park　動 駐車する

relax　動 くつろぐ，（心が）落ち着く

back　名 後ろ，奥

by　前 ～のそばに

25

解　説

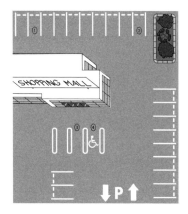

解説

Focus

第１問 B と同じ構成の問題。解答に必要な２つの情報を聞き取る。

正解の判断に必要な情報は２つ。１つめが「入口前→ダメ」で，これにより③，④がアウト。２つめが「後ろにあった，植木のところ」で，②が正解になる。第１問 B と同じく，「２つの対立点」を基本とする構成の問題である。

問２　★★☆☆☆

スクリプト

M：Now we can get a coffee for only 100 yen here!

W：But if you get a coffee and a doughnut, it's the same thing.

M：Oh, they raised the price of the doughnut?

W：Yes, they did. It's too bad.

Question：Which picture is correct?

スクリプトの訳

男性：この店ではコーヒーがたった 100 円で買えるようになったよ！

女性：でも，コーヒーとドーナツを買えば同じことよ。

男性：え，ドーナツを値上げしたの？

女性：そう。残念ね。

問い：どの絵が正しいか。

語 句

get 動 ~を得る，買う

raise 動 （価格など）を上げる

price 名 価格

too bad 熟 あいにくで，残念で

解 説

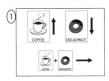   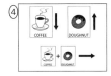

[解説]

Focus

1往復ごとに1つの情報を聞き取る。

<前半1往復>の会話から a coffee for only 100 yen＝「コーヒーがたった 100円」，つまり「コーヒー↓」が判断できる。<後半1往復>は raised the price …? Yes, they did. と〈質問＋答え〉の形で「ドーナツ↑」が語られているので，聞き取りやすい。正解④を選ぶのは容易だろう。

問3 ★★☆☆☆

スクリプト

M：Have you seen Ms. Smith?

W：You mean the one with glasses?

M：No, the other Smith, the P.E. teacher.

W：Oh, I saw her a minute ago. She was wearing a baseball cap.

Question：What did the P.E. teacher look like?

スクリプトの訳

男性：スミス先生に会った？

女性：メガネをかけたほう？

男性：いや，もう一人のスミス先生，体育の。

女性：ああ，さっき見たわ。野球帽をかぶってた。

問い：体育の先生はどんな外見か。

mean 　動 ～を指して言う
glasses 　名 メガネ
minute 　名 ちょっとの間

wear 　動 （衣服・靴など）を身につけている
baseball cap 　名 野球帽

解 説

解説

Focus

１往復ごとに１つの情報を聞き取る。

イラストから，メガネと野球帽の「あり」or「なし」に集中して聞き取ることができる，構図のわかりやすい問題。女性の質問と男性の答えの ... with glasses? No, から，メガネは「なし」が決まって③または④に絞られる。＜最後＞の発言が was wearing と「肯定」であることをしっかり確認して正解は③。

問4　★★☆☆☆

スクリプト

W：I'm thinking about the Japanese restaurant.
M：Hmm, OK, let's do that. What do you want to order?
W：Anything is fine.
M：OK, then, let's have something warm. It's getting cold these days.

Question：Which food are they likely to have?

スクリプトの訳

女性：日本料理の店を考えているんだけど。
男性：いいね，そうしよう。何にする？
女性：何でもいいわよ。
男性：じゃ，温かいものにしよう。最近寒くなったからね。

問い：彼らはどの料理を食べる可能性が高いか。

語　句

order 　　動 ～を注文する

fine 　　形 申し分のない，結構な

these days 熟 最近(は)

be likely to *do*

　　熟 ～する可能性が高い，～しそうである

解　説

  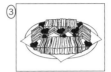 

解説

Focus

典型的な問題。事前に2つの対立点を整理する。

会話の前半1往復で Japanese restaurant が決まり，これによって②と③が外れる。後半1往復で決まるのは something warm。正解は④。事前に選択肢を眺める際に，完璧に把握とまではいかなくても「2つの対立点」を意識するくせをつけることが重要だ。上のイメージどおりには進まない問題もある。しかし，そうした "変化球" 的問題が "変化球" であることを見抜く力は，基本形を正しく理解し，それに正しく対処する力を身につけることで養われる。

解法のポイント

会話を聞いて正しいイラストを選ぶ問題。会話は2往復で構成され，Words to Catch は前半1往復に1つ，後半1往復に1つ現れるのが基本形となる。イラストの見方は第1問Bと同じ。

☞会話・イラストと Words to Catch ・解答作業の関係

	【会話】	【選択肢】
前　半 （1往復）	M：○○○○○○？ W：△△△． ＝ Words to Catch (i)	**4枚の中に対立点が2 つ（第1問Bと同様）** ➡**対立点(i)解消， 正解候補が2つに。**
後　半 （1往復）	M：What?　□□□□□． W：◇◇◇．　Besides, ◎◎◎！ ＝ Words to Catch (ii)	➡**対立点(ii)解消， 正解決定！**

2nd

問1	8	①
問2	9	③
問3	10	②
問4	11	④

問1　★★☆☆☆

W：You don't want cheese in your burger, do you?

M：Yes! One slice on top of the meat!

W：OK. How about vegetables?

M：No, thanks. But put a lot of ketchup and mustard, please.

Question：What does the man's hamburger look like?

女性：ハンバーガーにはチーズを入れないほうがいいんだっけ？

男性：入れるよ！　肉の上に1枚！

女性：わかった。野菜は？

男性：いらない。でも，ケチャップとマスタードはたっぷりお願い。

問い：男性のハンバーガーはどんな見た目か。

burger 名 ハンバーガー（= hamburger）
slice 名 薄切り（の1枚）
on top of ～ 熟 ～の（一番）上に

look like ～
熟 ～のように見える[思われる]

31

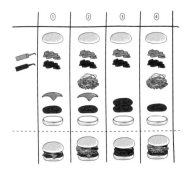

解法のポイント

☞「**イラストの対立点**」がそのまま Words to Catch になる。
実際に対話が流れ始めてからイラストを把握するのはまず不可
能なので，事前に**4枚のイラストの「違い」**を十分に確認して
おく。

解説
Words to Catch

(i)〈チーズあり or なし〉，(ii)〈野菜あり or なし〉
前半1往復がポイント。You don't want cheese ...? と否定でスタートする質問に
Yes! と答えている。つまり「チーズあり」。この文は付加疑問文になっているが，否定
疑問文の答え方は理解できていてもリスニングになると勘違いしやすいので要注意だ。
後半は No, thanks. で「野菜なし」は容易だろう。正解は①である。

問2　★★☆☆☆

スクリプト

W：Is Johnny's Restaurant open?

M：Yes. It's open for dine-in until 8 p.m., and drive-thru until 10.

W：I see, but today is Sunday.

M：Oh, that's right! They close at 7 on weekends for both the dine-in and drive-thru.

Question：Which shows the correct closing time of Johnny's Restaurant?

スクリプトの訳

女性：ジョニーズレストランは開いてるかしら？

男性：うん。店内が午後8時までで，ドライブスルーが10時までだね。

女性：ええ，でも今日は日曜日よ。

男性：そうか！　週末は店内もドライブスルーも7時までだ。

問い：ジョニーズレストランの正しい閉店時間を示しているのはどれか。

語　句

dine-in 　　名 店内で食事すること　　　　close 動 閉店する

drive-thru 名 ドライブスルー

解　説

解説

Focus

着眼点は問1と同じ。選択肢を素早く整理する。

①と②が「毎日」で③と④が「平日と週末で違う」，このどちらかを聞き取るのが1つめのポイント。そして①と④が「（平日）7時」閉店で，②と③が「（平日）8時」閉店，が2つめ。前半1往復で dine-in until 8 p.m. が現れるので，②または③。後半1往復で on weekends が出てくるので，「平日と週末で違う」ことが理解できる。正解は③。

スクリプト

W：What was the name of the robot on wheels?
M：Which one are you talking about? The funny one with short arms?
W：No, the smart one with long arms.
M：Oh, the big-headed one. He's OJB3.

Question：What does OJB3 look like?

スクリプトの訳

女性：車輪の付いたロボットの名前，何だったっけ？
男性：どっちのことを言ってるの？　腕が短くておもしろいやつ？
女性：そうじゃなくて，腕が長くて頭がいいほう。
男性：ああ，頭のでかいやつね。OJB3 だよ。

問い：OJB3 はどんな姿をしているか。

語　句

on wheels	熟 車輪付きの		smart	形 頭のよい，しゃれた
talk about ~	熟 ~について話す		big-headed	形 大きな頭の(ある)
funny	形 滑稽な，おかしな			

解　説

解説

Focus

引き続き選択肢の事前整理を訓練する。

「車輪 or 足」が「足」なら①で決まり。「車輪」の場合，「短い腕」なら③で決まりで，「長い腕」の場合，「大きな頭」で②，「小さな頭」ならば④。前半1往復で the robot on wheels が出てくるので①が消え，後半1往復では with long arms が出てきて③が消える。最後の発言の the big-headed one を確認して，②が正解と判断する。

問4　★★☆☆☆

スクリプト

W：What are your plans for the long weekend?

M：I want to get away from the city.

W：Oh, you want to stay active, huh?

M：No, the opposite. I want to go somewhere quiet and relax.

Question：What might the man do on his vacation?

スクリプトの訳

女性：週末の長い休みには，何をする予定なの？

男性：街を離れたいと思ってる。

女性：あら，休暇中もアクティブに過ごしたいわけ？

男性：いや，逆だよ。どこか静かなところに行ってリラックスしたいんだ。

問い：男性は休暇中，何をすると思われるか。

語句

long weekend
　图（月曜日か金曜日，またはその両方を加えた）長い週末
away (from ～)　副（～から）離れて［た］

active　形（人・生活などが）活動的な
opposite　图 反対のもの［こと，人，語］
relax　動 くつろぐ，ゆったりする
vacation　图 休暇

解　説

解説

Focus

対立点の予測は必ずしも当たるとは限らない。

①と③が「アクティブ」，②と④が「ゆっくりのんびり」という対立関係は予想しやすいが，もう1つの対立点について，①と②が「室内」で③と④が「屋外」と予想することもできるし，①と②が「都会で」，③と④が「自然に囲まれて」と考えることもできる。事前予測は，可能性がありそうなものはちゃんと把握しておくことが大事。「どっ

ちの対立で来る？」と待ち構えることができ，リスニングの精度が上がる。解答するのは男性の行動だから，男性の発言に集中することは言うまでもない。前半1往復の get away from the city で③と④が有力になり，後半1往復の go somewhere quiet and relax で④が正解に決まる。

1st

▶▶ 問題 別冊 P.20

解答

問1	12	①
問2	13	①
問3	14	③
問4	15	③
問5	16	④
問6	17	①

問1　★★☆☆☆

スクリプト

W : I stopped by the deli and got a chopped salad for dinner.
M : Excellent! Did you get some roast beef as well? You know theirs is my favorite.
W : Sorry, but it was already sold out.
M : Their roast beef always sells so quickly. Then, I'll grill some chicken instead.
W : Great. Next time I'll try to get there earlier.

スクリプトの訳

女性：あのデリ（惣菜店）に寄って，夕食用にチョップドサラダを買ってきたわ。
男性：いいね！　ローストビーフも買った？　ほら，あそこのは僕の大好物だからね。
女性：ごめん，もう売り切れてた。
男性：あそこのローストビーフはいつもすぐ売れちゃうからね。じゃあ，代わりにチキンを焼こう。
女性：いいわね。今度行くときは，もっと早い時間に行けるようにするわ。

語句

stop by 〜　熟 〜にちょっと立ち寄る
chop　動 〜を切り刻む
favorite　名 お気に入りの物

sell out　熟 売り切れる
grill　動 （肉・魚など）を焼き網で焼く
instead　副 その代わりに

37

訳　夫婦は夕食に何を食べようとしているか。

① グリルチキンとサラダ　　② グリルチキンだけ

③ ローストビーフだけ　　　④ ローストビーフとサラダ

📎 問いのねらい　**対話の結論を正しく理解できているか？**

解法のポイント

「**細部よりも全体**」が聞けているかを問う問題。「短い対話」という点では第 2 問と同じだが，第 2 問が対話の「細部」を問うのに対し，第 3 問は「結論」または「大まかな進行」について問う点が異なる。したがって**対話の「結論を追う」**ことが基本姿勢になる。

☞**問題用紙から「対話の進行と結論」を予測する**

【問題用紙】

夫婦で今晩の夕食について話をしています。

What is the couple going to have for dinner?

結論〈夕食のメニュー〉

① Grilled chicken and salad

　　　　　　　　　↕　　**対立点**(ⅰ)〈サラダあり or なし〉

② Only grilled chicken

　　　　　　　　　↕　　**対立点**(ⅱ)〈チキン or ビーフ〉

③ Only roast beef

　　　　　　　　　↕

④ Roast beef and salad

⬇

【対話の予測】

W：「夕食，チキンはどう？」

M：「ビーフのほうがいいかな」

W：「サラダはほしいわよね？」

M：「そうだね」

解説

Focus

結論はもちろん最後に登場。

予測どおりに対話が進むことはまずないが，予測することで聞き取りに軸ができることから，流れの把握が確実に容易になる。

女性の最初の発言でいきなり「サラダあり」が決まる珍しい問題。これによって①または④が残り，最後に I'll grill some chicken instead という男性に対して女性が Great. と答えることで，「チキン」に決まる。途中の「ローストビーフ＝売り切れ」からも「チキン」を判断することができる。正解は①。

問2 ★★☆☆☆

スクリプト

W：Why don't we go to Tony's restaurant? We can have some pizza.

M：Tony's restaurant doesn't take reservations. And the average wait is one hour.

W：Well, then, our dinner is going to be late, or we have to give up on having excellent pizza and go somewhere else.

M：No need to give up on that. I know another great place.

スクリプトの訳

女性：トニーズレストランにしましょうよ。ピザが食べられるわ。

男性：トニーズレストランは予約を受けないよ。待ち時間は平均で1時間だし。

女性：そう，じゃ，夕食は遅くなりそうね。じゃなかったらおいしいピザを食べるのはあきらめて，どこか別のところに行かないと。

男性：ピザをあきらめる必要はないよ。別のすごくいいお店を知ってるから。

語句

reservation	名 予約		give up on ~	熟 ~を見限る
average	形 平均の		else	副 その他に
wait	名 待ち時間		place	名 場所，飲食店

解説

訳 彼らは夕食をどうするか。

① どこか別の店に行ってピザを食べる。

② どこか別の店に行ってピザ以外のものを食べる。

③ トニーズレストランに行ってピザ以外のものを食べる。

④ トニーズレストランに行ってピザを待つ。

解説

Focus

「Tony's か他の店か？」と「ピザか他のものか？」に的を絞って聞き取る。

４つの選択肢から上記の２点にリスニングのフォーカスを絞る。その１：前半１往復で流れが「Tony's 断念」に傾くことを確認し，その２：最後の No need to give up on that (= having excellent pizza). から「食べるのはピザ」を確認する。正解は①。

問3　★★☆☆☆

スクリプト

M：Hey, you have the same smartphone as I do!

W：I got this last week. I like it much better than the previous model.

M：So do I. The battery lasts longer, the screen is bigger, and it's a little lighter, too.

W：Yeah, but the large screen is a problem for me. I can't comfortably hold it.

スクリプトの訳

男性：あれ，僕と同じスマホを持ってるんだね！

女性：先週買ったの。前のモデルよりずっと気に入ってるわ。

男性：僕も。バッテリーは長持ちだし，画面も大きいし，ちょっと軽くなったし。

女性：ええ，でも画面が大きいのが私には問題なの。楽に持てないのよ。

語　句

smartphone	名 スマートフォン	screen	
previous	形 前の		名 (テレビ・コンピュータなどの)画面
model	名 型	comfortably	副 快適に，楽々と
So do I.	熟 私もです。		

解　説

訳　女性はスマートフォンのどの特徴に満足していないか。

① バッテリー

② 色

③ **画面の大きさ**

④ 重さ

解説

Focus

「女性の発言」に "注耳"，「イメージ」を聞き取る。

問われているのは女性の感想なので，女性の発言を意識して聞き取る。2度の発言のうち，初めは like it much better と「プラスの感想」が語られているのでパス。あとの発言に a problem for me ＝「マイナスの感想」が現れることを確認して，2度目の放送で the large screen を（再）確認すれば終了。正解は③。

問 4 ★★✮☆☆

スクリプト

M：Nice T-shirt! Where did you get it?

W：I bought it from an online store called SCYA. They sell clothes designed by young artists.

M：Actually, I've tried that store once. I bought a shirt, and it was pretty nice. But for the price, I don't know.

W：Really? Considering the quality, I don't think the store is expensive.

スクリプトの訳

男性：そのTシャツいいね！　どこで買ったの？

女性：SCYA っていうネットショップよ。若いアーティストがデザインした服を扱ってるお店。

男性：実は，1度買ってみたことがあるんだ。シャツを買って，ものはすごくよかった。でも値段はどうかな。

女性：そう？　質を考えれば，高くないと思うけど。

語 句

online store	名 ネット上の店	consider	動 ～を考慮に入れる
design	動 ～をデザイン［設計］する	quality	名 品質

解 説

訳 2人は何について意見が一致しているか。

① そのネットショップは以前よりよくなっている。

② そのネットショップは値段が高すぎる。

③ **そのネットショップはいい服を売っている。**

④ そのネットショップは若いアーティストたちが作った。

解説

Focus

「事実」か「意見」かを分別する。

「何について意見が一致するか」を答える問題では，まず発言の内容が「事実」なのか「意見」なのかを分別する必要がある。その上で，2人の「意見」だけを比較し，一致する選択肢を選ぶ。

■前半1往復：

M「意見」＝「WのTシャツはいい」

W「事実」＝SCYAは「若いアーティストがデザインした服を売っている」

■後半1往復：

M「事実」＝「買ったことあり」

「意見」＝「質はいい」「値段が高い」

W「意見」＝「質がいい」「値段が高くない」

正解は③。この設問ではいつも以上に最後の発言の重要度が高くなる。

問5　★☆☆☆☆

スクリプト

W：Are you feeling okay?

M：Actually, I have a stomachache. I sometimes get one after eating spicy foods — like the Thai curry I just had.

W：Have you taken anything to help?

M：No, but the pain doesn't normally last long.

W：Maybe you should get some rest.

M：You're right. I think I'll lie down for a few minutes.

スクリプトの訳

女性：気分はどう？

男性：実は，お腹が痛いんだ。辛いものを食べた後，ときどきなるんだけど。さっきのタイカレーみたいにね。

女性：何か薬飲んだ？

男性：いや，でも痛みは長く続かないから。

女性：少し休んだほうがいいんじゃないかな。

男性：そうだね。少し横になることにするよ。

語 句

actually　　　副 実は
stomachache 名 腹痛
one = a stomachache

last　　　動 続く
rest　　　名 休息，休憩
lie down　　　横になる

解 説

訳 男性は何をするか？
① 辛い食べ物を買う
② 胃痛の薬をもらう
③ ピザをもっと食べる
④ 少し休む

解説

Focus

結論がすべて。

What will the man do? という設問から，典型的な「結論聞き取り問題」であることを予測して，対話の最終部分を待ち受ける作戦。各選択肢から，①「辛い食べ物」②「薬」③「ピザ」④「休む」が Words to Catch になる。予想通り，3往復の対話のうち最後の1往復がすべて。正解は④。

問6　★☆☆☆☆

スクリプト

M：How are you this morning?

W：I'm tired, although I've had several cups of coffee.

M：Were you up late last night again?

W：Yes, I was doing homework. I'm behind in my math class.

M：Well, coffee won't help. Why not reorganize your study schedule? That'll give you more time to sleep.

W：Great idea! That's exactly what I'll do.

スクリプトの訳

男性：今朝の調子はどう？

女性：疲れてる。コーヒーを何杯か飲んだけど。

男性：昨夜も遅くまで起きていたの？

女性：うん，宿題をしてた。数学の授業について行けなくて。

男性：まあ，コーヒーを飲んでもどうにもならないな。勉強のスケジュールを組み直したら？　そうすれば寝る時間が増えるよ。

女性：確かに！　そうする。

解　説

訳 女性は何をするか？
① スケジュールを変更する
② 数学の授業を取るのをやめる
③ コーヒーを飲む
④ 男性の宿題を直す

解説

Focus

結論がすべて。

問5同様，最後に集中すべき問題。聞き取りの Words to Catch として，①「スケジュール」②「数学」③「コーヒー」④「宿題」を意識しつつ対話を追えば，「コーヒー」→「宿題」→「数学」→「スケジュール」と話題が流れることが確認でき，さらに最後の「スケジュール」が Why not ...? で始まる「提案」の中に現れていることも聞き取れる。肯定の返事を確認して，①が正解。対話の最後が「Q&A」になっていることも，結論聞き取り問題の典型として覚えておきたい。

2nd

▶▶ 問題 別冊 P.22

第3問

解答

問1	12	③
問2	13	②
問3	14	①
問4	15	②
問5	16	④
問6	17	④

問1　★★☆☆☆

スクリプト

M : The basketball game is on TV tonight.　Do you want to come over and watch it?

W : I don't know ….　I like watching basketball games, but you always scream and yell when you watch sports.

M : Come on. I'll be quiet. I promise.

W : OK, but if you start screaming and yelling, I'll go home and watch it by myself.

スクリプトの訳

男性：今夜テレビでバスケットボールの試合があるんだ。うちに来て見ないかい？

女性：どうしようかな。バスケットボールの試合を見るのは好きだけど、あなた、スポーツを見るときいつも大声で叫んだりわめいたりするから。

男性：おいでよ。静かにするって。約束するからさ。

女性：いいわ、その代わり、あなたが叫んだりわめいたりし始めたら、帰って1人で見るからね。

語句

come over 熟 やって来る
scream
　動 金切り声を出す，叫び声を上げる

yell　動 （大きな甲高い声で）叫ぶ，わめく
promise 動 約束する
by oneself 熟 1人で

45

訳 彼らは今夜何をするか。

① 一緒にバスケットボールをする。
② 別々にバスケットボールの試合を見る。
③ **男性の家で一緒にバスケットボールの試合を見る。**
④ 女性の家で一緒にバスケットボールの試合を見る。

解説

Focus

会話の流れを予想し，結論を追う。

「今夜〜しない？」から始まる会話になることは容易に予想できるが，「○○しよう」「うん，そうしよう」という流れには絶対にならない。途中で紆余曲折を経て，最終的に結論がまとまる作りの問題である。問われているのは会話の「結論」。最後の発言の重要度は極めて高い。前半の男性の２文め Do you want to come over and watch it? に対して，紆余曲折を経て女性が最後に OK と応じている。正解は③。

問2　★★☆☆☆

スクリプト

W：I'm going to make chicken-fried steak. It's going to be delicious!

M：Chicken what?

W：Chicken-fried steak. I found the recipe on the Internet!

M：Hmm… I'm sorry, sweetie, but today I would rather have beef than chicken.

W：Oh, it is beef, honey! It is steak, cooked like fried chicken.

スクリプトの訳

女性：チキンフライドステーキを作ろうと思うの。おいしいわよ！

男性：チキン何？

女性：チキンフライドステーキ。ネットでレシピを見つけたの！

男性：いや，ごめん。僕は今日は，チキンよりビーフを食べたいんだ。

女性：あら，ビーフよ！　フライドチキンみたいに揚げたステーキなの。

語　句

delicious 形 非常においしい
recipe 名 作り方，調理法

would rather 〜 (than …)
　熟 (…するより)むしろ〜したい，〜したほうがいい
cook 動 (熱を加えて)〜を料理する

解　説

訳　チキンフライドステーキとは何か。

① チキンと揚げたステーキ
② **揚げたビーフ**
③ フライドチキン
④ グリルドビーフ

解説

Focus

問1と同一デザインの問題。「説明役がどちらか？」も意識。

会話は「チキンフライドステーキ？　何，それ？」から始まり，紆余曲折を経て「だから○○だってば」で終わる。これが事前予想。フォーカスすべきは最後の発言。問1と同じリズム。そしてもう1つ，こうした会話では，男性と女性のどちらかが「聞き役」，どちらかが「説明役」と役割分担が明確なことが多い。リスニングに際して，どちらの発言に集中すればよいかも意識しよう。男性の Chicken what? で「男性＝聞き役」，「女性＝説明役」が決まる。フォーカスすべきは女性の発言。女性の最後の発言に現れる it is beef と cooked like fried chicken から，正解が②に決まる。

問3　★★☆☆☆

スクリプト

M：I didn't know you wear glasses. You look good, though.

W：Thanks. I used to wear contact lenses but switched to glasses. They are easier to handle.

M：Really? Actually, I think contact lenses are easier and more comfortable.

W：Well, that's because you are on the swimming team. You can't wear goggles with your glasses on.

スクリプトの訳

男性：君がメガネをかけるって知らなかった。でも，似合ってるよ。

女性：ありがとう。コンタクトだったんだけど，メガネに変えたのよ。このほうが扱いやすいから。

男性：本当？　実際のところ，コンタクトのほうが簡単だし快適だと思うけど。

女性：それはあなたがスイミングチームに入っているからよ。メガネをかけたままゴーグルをつけられないもの。

wear
動 (衣服・靴など)を身につけている
though　　　　副 でも，やっぱり
used to *do*
熟 ～するのが習慣だった，以前は～だった
contact lenses 名 コンタクトレンズ
switch
動 (考え・話題・仕事など)を変える，切り
　替える

handle　　　動 ～を扱う
actually　　　副 実は，実際は
comfortable 形 快適な，心地よい
goggle　　　名 ゴーグル
with ～ ...
熟 ～を…しながら，～が…のままで

解 説

訳 男性はコンタクトレンズについてどう感じているか。
① メガネより扱いやすい。
② ゴーグルより扱いやすい。
③ メガネより見た目がよい。
④ ゴーグルより見た目がよい。

解説
Focus
男性がどう感じているかを問う問題。男性の発言に"注耳"。
「コンタクトレンズ」をキーに，男性の発言に集中すればよい。後半1往復の会話中，
男性の発言に Actually, I think contact lenses are easier and more comfortable.
とある。正解は①。

問4　★★☆☆☆

スクリプト

M：It was definitely the best ramen I've ever had!
W：Yeah, but 1,800 yen for a bowl of ramen was too much for me.
M：You think so?　With the taste and the quality, 1,800 yen was not
　　expensive at all.　In fact, I'm already planning another visit.
W：Well then, you have to find someone else to go with.

スクリプトの訳

男性：これまでに食べたラーメンの中で間違いなくベストだったな！

女性：そうね。でもラーメン1杯1,800円というのは，私には高すぎるわ。

男性：そう？　あの味とクオリティーなら，1,800円は全然高くないよ。実際，僕はもうまた行くつもりになってるし。

女性：それなら，誰か他に一緒に行く人を探してね。

語　句

definitely 副 間違いなく

bowl 名 深鉢，どんぶり，鉢1杯（の量）

quality 名 品質

in fact 熟 実は

visit 名 訪問

else 副 その他に，代わりに

解　説

訳 2人は何について意見が一致しているか。

① そのラーメンはもう一度食べる価値がある。

② そのラーメンは本当においしかった。

③ そのラーメンは量が多すぎた。

④ そのラーメンは値段が高すぎた。

解法のポイント

☞難易度がやや高い**「事実・意見分別型」**の問題。求められているのは「意見」なので，1つひとつの発言内容を「事実」と「意見」に分別した上で，2人の**「意見」だけを比較する**ことになる。選択肢がそのまま Words to Catch となるため，あらかじめ確認し，「1つずつ丹念に潰していくイメージ」で作業を進める。

解説

対話に現れる「意見」を追っていくと，M「ベスト」→ W「おいしい」「高すぎ」→ M「味・クオリティがよい」「高くない」「また食べる価値あり」→ W「もう一度の価値はない」となる。正解は②。①と④は2人の意見が明確に対立している。③については述べられていない。

問5　★☆☆☆☆

スクリプト

W：What's going on?

M：I'm unable to focus on my schoolwork.　It must be due to stress.

W：Is anything special bothering you?

M：Just the fact that we're graduating next semester.

W：Why?　It'll be great to finish school.

M：Maybe, but I've been so worried about finding a job.　I have to start
　　looking for one soon.

スクリプトの訳

女性：どうしたの？

男性：学校の勉強に集中できないんだ。ストレスのせいだな。

女性：何か特別なことで悩んでいるの？

男性：来学期で卒業するってこと。

女性：どうして？　学校を卒業するのは素晴らしいことじゃない。

男性：そうかもしれないけど，就職のことが心配なんだ。そろそろ仕事探さなきゃ。

語　句

be going on　起こっている

be unable to *do*　…することができない

focus on ～　～に集中する

must be ～　～に違いない

due to ～　　～のせいである

bother　　動 ～を悩ませる

the fact that …　…という事実

解　説

訳　男性は何をするか？

① 卒業を遅らせる

② ストレスを減らすことに集中する

③ 別の学校に転校する

④ 就職活動をする。

解説

Focus

最後がすべて。

「この後何をするか？」＝「対話の結論は何か？」。各選択肢から Words to Catch
を把握して，対話の最後を待つ。Words to Catch が①「卒業＋遅らせる」②「ス
トレス」③「転校」④「就活」とかなり異なる話題のため，聞き取りは易しい。最後の

セリフがすべてとなり，正解は④。

問6　★★☆☆☆

スクリプト

W：What a beautiful home!

M：Thanks! Do you live around here?

W：No, I live in a downtown apartment.

M：Then you must have a beautiful view of the river.

W：I do. I can see it right out of the front window of my place.

M：Do you have any pictures you could show me?

W：I do. Here, take a look at these on my smartphone.

スクリプトの訳

女性：何て素敵なお家！

男性：ありがとう！この辺に住んでるの？

女性：いいえ，中心部のアパートよ。

男性：なら，川がきれいに見えるだろうね。

女性：そう。家の正面の窓からよく見えるの。

男性：写真あったりする？

女性：あるわ。ほら，スマホの写真，見て。

語　句

around here　　この近くに

right out of ～　～のすぐ外に

take a look at ～　～を(ちょっと)見る

解　説

訳　女性は何をするか？

① 景色を説明する　　　　　② アパートを出る

③ 窓から外を見る　　　　　④ **写真を見せる**

解説

Focus

典型的な「結論待ち受け」。

対話の最後1往復がすべて，という典型的な結論聞き取り問題。設問文からの予測も容易。 **Words to Catch** は①「景色＋説明」②「アパート＋出る」③「外＋見る」④「写真＋見せる」の「何をどうする」型で把握。"Do you have any pictures …?" ⇒ "I do." の「Q&A」型。正解は④。

1st

▶▶ 問題 別冊 P.24

解答

A

問1〜4	18	②
	19	①
	20	④
	21	③
問5〜8	22	③
	23	④
	24	⑤
	25	⑤

問1〜4　★★☆☆☆

スクリプト

On Sunday, I went shopping, and after that, I stopped by a coffee shop. The place didn't look very crowded when I walked in. There were many empty seats. However, there was a long queue at the counter. I really should have saved a seat first, but at that time, I didn't bother. So, I just joined the queue and waited. And then, when I bought my coffee and sandwiches, I looked around. All the seats were taken! I ended up waiting well over 20 minutes, and by the time I was finally able to sit down, my coffee was cold, and the sandwiches were dry.

スクリプトの訳

日曜日に買い物に行って，その後喫茶店に寄ったんだよ。僕が入ったときは，そんなに混んでるようには見えなかったんだ。空席がたくさんあったしね。なのに，カウンターには長い列ができていた。ほんと，先に席を取ればよかったんだよね。でも，そのときは気にしなかったんだ。だから，ただ列に並んで待った。それから，コーヒーとサンドイッチを買ったときに周りを見回したら，席が全部埋まってたんだ！　結局，ゆうに20分以上は待ったね。やっと座れたときには，コーヒーは冷めて，サンドイッチはパ

サパサになってたよ。

語 句

crowded	形 混雑した	join	動 ～に加わる
walk in	熟 歩いて入る	look around	熟 周りを見回す
empty	形 (席などが)空いている	end up *doing*	
seat	名 席		熟 結局は～することになる
queue	名 (順番を待つ)列[(米) line]	well	副 かなり
save	動 (席など)を取っておく	by the time	
bother	動 気にかける		熟 ～するときまでに(は)

解 説

解説

Focus

事前把握した出来事を「待ち伏せてつかまえる」。
4枚のイラストから①「商品を買う」, ②「すいている喫茶店」, ③「席に着く」,
④「満席の喫茶店」の順番を整理すればいいことを事前に把握する。The place didn't
look very crowded ＝②, And then, when I bought my coffee and sandwiches
＝①, All the seats were taken ＝④, and by the time I was finally able to sit
down ＝③の順。慣れれば難易度は低い。

問5～8　★★★☆☆

スクリプト

I want you to calculate the course score for each student. In this course, we
had three exams. And, there are homework and attendance points. The
course score is calculated by adding up the three exam scores. Students have
the option of replacing the lowest exam score with the sum of the homework
and attendance points. So, whichever is higher should be used. Please go
ahead and calculate the score for each student.

君に各生徒のコースの得点を計算してもらいたいんだ。このコースでは3回試験をやった。それに宿題点と出席点がある。コースの得点は3回の試験の得点を足して計算する。3回の試験のうち一番低い点を宿題点と出席点の合計に置きかえることができるから，どちらか高いほうを使えばいい。さあ，一人一人の得点を計算しておくれ。

語 句

calculate	動 ～を計算する	replace ～ with ...
attendance	名 出席，出席回数	熟 ～を…に取りかえる
add up ～	熟 ～を合計する	sum 名 合計
option	名 選択，選択権	whichever 代 ～するどちら[どれ]でも

解 説

① 260　　② 270　　③ 280　　④ 290　　⑤ 300

名前	試験1	試験2	試験3	宿題	出席	得点
タロー	90	90	100	50	30	22
スーザン	80	100	100	40	50	23
フアン	90	95	80	50	45	280
ジョン	100	100	100	30	30	24
テレサ	100	100	60	50	50	25
スンホ	90	85	90	40	30	265

解説

Focus

「2つの条件」を「待ち伏せてつかまえる」。

表から，course score の計算が求められるとわかるが，Juan と Sun-Ho の得点が単純にすべての項目の合計になっていないことから，計算方法(＝条件)についての説明があると予測できる。放送文中に現れる計算方法に関する2つの条件は以下のとおり。

＜基本条件＞The course score is calculated by adding up the three exam scores. = Exam 1 + Exam 2 + Exam 3

＜付帯条件＞Students have the option of replacing the lowest exam score with the sum of the homework and attendance points.

= Homework + Attendance が Exam の最低点を上回れば置きかえ OK。

Taro の場合，＜基本＞90＋90＋100＝280，＜付帯＞は 50＋30 ＜ 90 なので適用せず。 22 には③が入る。Susan は＜基本＞80＋100＋100＝280，＜付帯＞40＋50 ＞ 80 で適用。100＋100＋90＝290 となり，　23 の正解は④。John は3度の

Exam がすべて 100 点のため合計 300 点となり，＜付帯＞の適用なしで，｜ 24 ｜は⑤ が正解。Teresa は＜基本＞が 100＋100＋60＝260 だが，50＋50 ＞ 60 なので＜付帯＞を適用すると，100＋100＋100＝300 となるので，｜ 25 ｜には⑤が入る。

📎 問いのねらい　1度のリスニングで必要なキーワードを拾いきれるか？

解法のポイント

英文の読み上げ回数が1回のみの問題では，聞く前の作業が非常に重要となる。第4問では，問題用紙に書かれた情報から拾うべき Words to Catch を把握し，それらを正確に聞き取れるかどうかが勝負である。**「大まかな流れ」よりも「細部に現れるキーワード」に集中**する姿勢が肝要。

☞**「文章の種類」と「キーワードの種類」をあらかじめ知っておこう！**

第4問Aの文章は以下の2種類のいずれかである。

(i) **エピソード(回想文)：「具体的な出来事」が「時間軸に沿って」説明される。**

Words to Catch ：イラストに現れる { 登場人物　動作

(ii) **説明(案内文)：「作業を行うための指示」が基本。作業に必要な「条件」が説明される。**

Words to Catch ：図表に現れる { **基本条件**(例)時給 1,000 円　**付帯条件**(例)土日は時給 100 円アップ

55

解 答

問 1　★★★☆☆

スクリプト

1. Cockrell Center Dining is the largest cafeteria on campus. It's open every day, 7 a.m. through 8 p.m. Besides each day's special dishes, you can always have chicken wings, noodles, pancakes, etc., and it's all-you-can-eat!

2. Morrill Hall is the oldest, most traditional dining hall on campus. It's open every day: 7 a.m. to 9 a.m. for breakfast, 11:30 a.m. to 1:30 p.m. for lunch, and 6 p.m. to 8 p.m. for dinner. The menu changes every day, and everything they serve is excellent!

3. The dining room at the Sage Dormitory is known for its delicious desserts. It is open weekdays from 11 a.m. to 8 p.m. and weekends from 11 a.m. to 4 p.m. When you have a craving for sweets, this is the place to be!

4. I love the Student Union Cafeteria. This dining room serves only vegetarian food, and it is very healthy and tasty! What makes it even better is that it's open from 6 a.m. to midnight every day!

スクリプトの訳

１. コックレルセンター・ダイニングは構内最大のカフェテリアです。毎日朝 7 時から夜 8 時まで開いています。日替わり料理の他にチキンウィング，麺類，パンケーキなどがいつでも食べられますし，それに食べ放題なんです！

２. モリルホールは構内で最も古く伝統ある学食です。毎日朝食用に 7 時から 9 時まで，昼食用に 11 時半から 1 時半まで，夕食用に 6 時から 8 時まで営業しています。メニューは毎日変わりますが，ここで食べられるものはどれも絶品です！

３. セイジ寮の食堂はデザートがおいしいことで知られています。営業は平日が午前 11 時から夜 8 時まで，週末が午前 11 時から午後 4 時までです。スイーツが食べ

たくてたまらないときは，ここに行くべきです！

4．私はスチューデントユニオン・カフェテリアが大好きです。この食堂はベジタリ
アンフード専門で，とても健康的でおいしいんです！　ここがいいのは，なんと言っ
ても毎日朝6時から夜中の12時まで開いていることです！

語　句

cafeteria		
图 カフェテリア(セルフサービスの食堂)		
besides	前 〜に加えて	
dish	图 料理	
all-you-can-eat	形 食べ放題の	
traditional	形 伝統的な	
dining hall	图 (大学・城などの)大食堂	
menu	图 メニュー，(出された)料理	
serve	動 (食事)を出す	
craving	图 切望	
vegetarian	形 菜食主義(者)の	
healthy	形 健康[体]によい	
tasty	形 (食べ物などが)味のよい	

解　説

	A. 毎日朝9時以降でも朝食が食べられる	B. 週末でも三食が提供されている	C. いつでも鶏肉料理が食べられる
① コックレルセンター・ダイニング			
② モリルホール			
③ セイジ寮の食堂			
④ スチューデントユニオン・カフェテリア			

解説

Focus

3つの条件の「どれ(とどれ)を満たすか」に集中する。

それぞれが3つの条件のどれ(とどれ)を満たすかを，聞きながらチェックする。条件A
「9時以降も朝食OK」を満たすのは，Cockrell Center Dining と Student Union
Cafeteria の2つ。条件B「週末も三食OK」を満たすのは Cockrell Center Dining,
Morrill Hall, Student Union Cafeteria の3つ。条件C「いつでも鶏肉料理OK」で
正解が① Cockrell Center Dining に決まる。Student Union Cafeteria はベジタリ
アンフード専門。

📎問いのねらい 　提示される複数の条件を仕分けられるか？

解法のポイント

第4問Bは**与えられた条件を「1つひとつ拾いながら〈OK〉か〈NG〉かに仕分ける」**という問題である。Aの「説明」型文章の問題では Words to Catch を「すべて拾ったあと」で「計算処理」によって解答を導くという2段階の作業が必要だったことを考えれば，難易度はやや低くなる。短いスピーチの中に条件（これが Words to Catch になる）が次々に現れるのが特徴であり，慣れが重要。

☞**「聞きながら」「仕分ける」ときの注意点**

(1) 問題用紙の条件 A 〜 C をあらかじめ完璧に把握する。

	条件 A	条件 B	条件 C
①	◯	✕	◯
②	✕	(2) ✕が1つ現れれば，あとは聞く必要なし。	
③	◯		✕
④	(3) 3つの条件の登場順序は決まっていない。		

（＝必ずしも A から現れるとは限らない）

2nd

▶ 問題 別冊 P.28

解 答

A

問1～4	18	②
	19	③
	20	④
	21	①
問5～8	22	①
	23	②
	24	③
	25	⑤

問1～4 　★★☆☆☆

スクリプト

Each year, we ask students and their families about the quality of our university across four factors. If you look at this graph, you'll see how these factors compare against one another. Class options increased sharply in importance from 2020 to 2024, nearly doubling during that time. Faculty reputation, on the other hand, fell by about half during that period. Campus facilities also fell significantly, but not as much as school ranking.

スクリプトの訳

毎年，私たちは学生とそのご家族に，4つの要素から見た本学の質について尋ねています。このグラフをご覧いただければ，これらの要素が互いにどのように比較されているかがお分かりいただけるでしょう。授業の選択肢は，2020年から2024年にかけて重要性が急上昇し，その間にほぼ倍増しました。一方，教員の評判は，この期間に約半分に落ち込みました。キャンパス施設も大幅に低下しましたが，学校ランキングほどではありませんでした。

factor　　　　名 要素	reputation　　名 評判，評価
compare against one another	on the other hand　一方で
互いに比較される	fall by half　　　半減する
option　　　　名 選択肢	facility　　　　名 施設
increase sharply　急増する	significantly　副 著しく
double　　　　動 2倍になる	not as much as ～　～ほどではない
faculty　　　　名 (大学の)学部，教授陣	

解 説

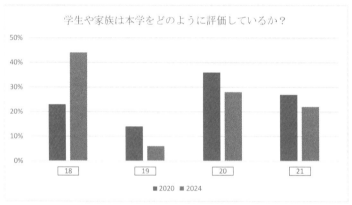

① キャンパス施設
② 授業の選択肢
③ 教員の評判
④ 大学ランキング

解説

Focus

事前作業を整理すると，
①「施設」②「授業」③「教員」④「ランキング」
18 「倍増」 19 「半減」 20 「やや減」 21 「やや減」，さらに， 20 ＞
21 。このように **Words to Catch** は豊富。英文では "class options" → "nearly doubling" ／ "faculty reputation" → "fell by about half" ／ "campus facilities" → "fell" "not as much as school ranking" の順で，1つずつ分かりやすく登場している。
Words to Catch を連続して処理する作業に最適な1題。正解は 18 ②, 19 ③, 20 ④, 21 ①となる。

問5～8　★★★☆☆

スクリプト

We have received online orders from 6 customers. Today, we have a buy-one-get-one-free special. It means when customers buy a pizza, they will get another pizza for free. The free pizza has to be the same price or less, and they get the highest discount possible. Could you calculate the prices after the discount for them? The discount can only be used once.

スクリプトの訳

6人のお客様からネットで注文をいただきました。今日は1つ買えばもう1つ無料の特売日です。これはピザを1枚買うと，もう1枚が無料でもらえるということです。無料でもらえるピザは，買ったピザと値段が同じかそれより安いものに限ります。また最大限の割引になるようにします。お客様のために割引後の価格を計算してもらえますか？割引は一度しかご利用いただけません。

語　句

receive	動 ～を受け取る	for free	熟 ただで，無料で
order	名 注文	less	名 より少ない数[量]
customer	名 顧客	discount	名 (価格などの)割引
special	名 特売(品)	possible	形 可能な，できる限りの

① 8ドル　　② 10ドル　　③ 16ドル　　④ 20ドル　　⑤ 28ドル

客	注文内容	数量	割引後の価格
A	ペペローニピザ（8ドル）	2枚	8ドル
B	ペペローニピザ（8ドル）	1枚	22
	デザートピザ（8ドル）	1枚	
C	ペペローニピザ（8ドル）	1枚	23
	ベジーピザ（10ドル）	1枚	
D	ミートスペシャルピザ（12ドル）	1枚	20ドル
	イタリアンスペシャルピザ（12ドル）	1枚	
	デザートピザ（8ドル）	1枚	
E	ペペローニピザ（8ドル）	1枚	24
	ソーダ（1ドル）	8杯	
F	ペペローニピザ（8ドル）	1枚	25
	デザートピザ（8ドル）	1枚	
	ミートスペシャルピザ（12ドル）	1枚	
	イタリアンスペシャルピザ（12ドル）	1枚	

解説

Focus

「2つの条件」は？

＜基本条件＞＝注文の合計額

＜付帯条件＞＝2枚目のピザ（同額またはそれより安いものに限る）無料＋最大限の割引を提供＋割引は一度に1枚のみ

B：＜基本＞8＋8＝16ドル，これに＜付帯＞で1枚無料が適用された結果，　22　には①が入る。C：＜基本＞8＋10＝18ドル，＜付帯＞で安いほうの8ドルが無料になり，　23　の正解は②。E：＜基本＞8＋（1×8）＝16ドル，＜付帯＞の割引は2枚目の「ピザ」のみに適用されるため，ソーダは対象外。　24　は③が正解。F：＜基本＞8＋8＋12＋12＝40ドル，＜付帯＞適用もちろんあり。ただし，一度の注文での割引は1枚だけなので，割引は12ドルのみ（最大限の割引になるものを選ぶ）。　25　は⑤が正解。

解 答

B | 問1 | 26 | ③ |

問1　★★★⯪☆

スクリプト

1. Hello, this is David, manager of Bueno Vista Apartments. We have places expected to be available by mid-August. They are perfect for students, and a $400-a-month rent is the lowest you can find in this area. You can drive to campus in 10 minutes.

2. Hi, this is Martha of Logan's Hill Apartments. We are located very close to campus, a 2-minute walk, in fact. They are really nice, and $700 a month is a steal. We have a place opening up for you in mid-September.

3. Hello, this is Amanda, calling about Maple Apartments. Unfortunately, the place of your interest has been taken by someone else. But there is a similar place opening up before September 1. It's a 10-minute walk to campus, and the rent is $800.

4. Hi, this is Kevin, calling about the apartment for rent on 24th Street. It is a beautiful apartment located very close to campus, right across the street from the main library. The rent is $900 per month, and you can move in at any time.

スクリプトの訳

1. こんにちは。ブエノビスタ・アパートのマネージャー，デイビッドです。私たちのアパートには，8月半ばには入居可能となる予定の部屋が複数あります。学生さんにはぴったりで，月400ドルという家賃はこの地域で見つかる中では最安値です。大学までは車で10分です。

2. こんにちは。ローガンズヒル・アパートのマーサです。アパートは大学のすぐそばにあり，実際徒歩2分の距離です。部屋は本当にすてきで，これで月700ドルは格安です。9月半ばに1室空きます。

3. こんにちは。私はアマンダといいます。メイプル・アパートの件でお電話しております。残念なことに，あなたが興味をお持ちの部屋は，すでに別の方がご契約になっております。ですが，9月1日までには同じような部屋が空室になります。大学まで徒歩10分で，家賃は800ドルです。

4. こんにちは，ケビンといいます。24番街にある賃貸アパートの件でお電話しました。きれいなアパートで，大学にとても近いところにあります。図書館本館から道を渡ったところですから。家賃は月900ドル，いつでもご入居可能です。

解 説

	A. 入居日	B. 家賃	C. 距離
① ブエノビスタ			
② ローガンズヒル			
③ **メイプル**			
④ 24番街			

解法のポイント

☞問題用紙に示された「9月1日までの入居」「家賃800ドル以下」「徒歩10分以内」の3つを，**聞きながら〈OK〉と〈NG〉に仕分ける。3条件は順不同で現れる**ため，1つずつ素早く対応することが求められる。

解 説

Focus

3つの条件の「どれ(とどれ)を満たすか」に集中する。

条件A「9月1日までに入居可」を満たすのは Bueno Vista と Maple, On 24th Street の3つ。条件B「月800ドル以下」は Bueno Vista, Logan's Hill, Maple の3つがクリア。最後の条件であるC「徒歩10分以内」を満たしているのは Logan's Hill, Maple, On 24th Street の3つ。よって, すべてを満たす③ Maple が正解。

1st

▶▶ 問題 別冊 P.32

解 答

問1	27	①
問2〜5	28	②
	29	③
	30	①
	31	②
問6	32	②
問7	33	③

問1〜5

スクリプト

Where do you get your news? In the past, most people got their news from newspapers. Newspaper sales peaked in the 1970s and 80s, with over 60 million newspapers sold each day in the USA. However, in 2018, only around 30 million daily newspapers were sold. So why have newspaper sales dropped?

The answer to this question is technology. Now, the majority of Americans get their news from television, and more people are reading news online. According to a 2016 survey, over one third of American adults said they often get their news online. A quarter often get their news from the radio and only a fifth said they often read newspapers.

How does this trend affect society? First, newspapers are no longer profitable so many newspaper companies have shut down. Over 500 local newspapers in the USA have stopped being published since 2004. This means that people living in small towns no longer have access to local news.

Second, over a fifth of journalists have lost their jobs in the same period.

A loss of trained and experienced journalists is bad for society. Newspaper journalists collect facts and editors check their accuracy before publishing. In contrast, many internet news sites simply copy and rewrite news from newspapers or publish stories without checking facts.

When inaccurate or "fake" news is published online, it is easily shared on social media. People believe the news they read online, even when it is not true. It is important for all of us that websites and social media organizations take responsibility for the news we all read.

スクリプトの訳

あなたはどこからニュースを仕入れますか？　昔は，たいていの人が新聞からニュースを仕入れていました。新聞の売上は 1970 年代と 80 年代にピークに達し，アメリカ国内で毎日 6,000 万部を超える新聞が売れていました。しかし，2018 年には，約 3,000 万部の日刊紙が売れたにすぎません。では，なぜ新聞の売上は落ち込んでしまったのでしょう。

この問いに対する答えは，テクノロジーです。今日では，過半数のアメリカ人がテレビでニュースを知り，ネット上でニュースを読む人々も増加しています。2016 年に行われたある調査によると，アメリカの成人の 3 分の 1 以上が，しばしばネット上からニュースを仕入れると答えています。4 分の 1 はニュースをラジオで知ることが多く，新聞を読むことが多いと答えたアメリカ人は 5 分の 1 にすぎません。

こうした動向は社会にどう影響するのでしょう。第一に，新聞はもはや利益を生むものではなく，それゆえ多くの新聞社が閉鎖しました。2004 年以降，アメリカ国内で 500 を超える地方新聞が発行を休止しています。これはつまり，小さな町に住んでいる人々はもはや地域のニュースを知ることができないということです。

第二に，ジャーナリストの 5 分の 1 以上が同じ時期に職を失っています。訓練され経験を積んだジャーナリストを失うことは，社会にとってマイナスです。新聞記者が事実を集め，編集者は発行前にそれらの正確さをチェックします。それに対して，ネット上の多くのニュースサイトは，ただ新聞からニュースをコピーして書き直すだけか，あるいは事実か否かのチェックをせずにニュースを発表してしまうのです。

不正確なニュース，あるいは "フェイク" ニュースがネット上で発表されると，簡単にソーシャルメディアで共有されてしまいます。人々は，たとえそれが真実でなくても，ネット上で読んだニュースを信じてしまいます。ネットニュースサイトやソーシャルメディア運営組織が，私たちみんなが読むニュースに責任を負うことは，私たちすべてにとって重要なことなのです。

ワークシート

○ アメリカでの新聞の発行部数
1970 年代から 1980 年代の発行部数： _____　2018 年の発行部数： _____
発行部数の減少： 27

○ アメリカ人はどこからニュースを仕入れているか。

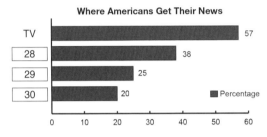

Where Americans Get Their News

TV	57
28	38
29	25
30	20

■ Percentage

0　10　20　30　40　50　60

ポイント
新聞：編集者がジャーナリストにより集められた事実をチェックする。
31 ：記事の内容は多くの場合，情報源となる印刷物からコピーされ，事実か
　　否かのチェックをされないまま共有される。

語　句

第1段落

sales	名	売上高
peak	動	頂点に達する
daily newspaper	名	日刊紙
drop	動	（数量・程度・価格などが）下がる

第2段落

technology	名	科学技術
according to ～	熟	～によれば
survey	名	調査
third	名	3分の1
quarter	名	4分の1
fifth	名	5分の1

第3段落

trend	名	傾向
affect	動	～に（強い）影響を及ぼす
no longer	熟	もはや～ない
profitable	形	利益になる，もうかる
shut down	熟	（工場・機械設備などが）閉鎖される，機能を停止する
local	形	その土地［場所］の，地元の
publish	動	～を出版する，（新聞・雑誌など）を発行する

access		rewrite	動 ～を書き直す

access
　名 (情報などの)入手(の方法[機会])

第4段落

journalist
　名 ジャーナリスト，新聞[雑誌]記者

period	名 期間
loss	名 失うこと
trained	形 訓練[教育]を受けた
experienced	形 経験を積んだ，熟練した
collect	動 (人・物など)を集める
accuracy	名 正確さ

in contrast
　熟 それとは対照的に，それに比べて

rewrite　動 ～を書き直す

第5段落

inaccurate	形 不正確な，ずさんな
fake	形 にせの
share	動 (情報・秘密など)を共有する

social media
　名 ソーシャルメディア(オンライン上で利
　　 用者同士が情報を発信・共有することで
　　 成り立つ媒体)

organization	名 組織，団体
responsibility	名 責任

第5問

解 説

問1　★★★⁂☆

訳

① **30,000,000 超**　　② 60,000,000 超
③ 90,000,000 超　　④ 300,000,000 超
⑤ 600,000,000 超　　⑥ 900,000,000 超

解説

Focus

新聞がどれだけ減ったかに関する「数」に集中する。

放送文冒頭(第1段落)で述べられていたとおり，新聞の売上のピークは1970年代と
80年代であり，当時アメリカ国内で毎日 over 60 million 売れていた。それに対し，
2018年には only around 30 million が売れたにすぎない。したがって，売上の落ち
込みはおよそ3,000万部超であり，①が正解になる。

問2～5　★★★★★

訳

① 新聞　　　② ネット上のニュースサイト　　③ ラジオ　　④ テレビ

解説

Focus

問1終了後，すかさずグラフのタイトルに集中，選択肢を「割り当てる」。

放送文序盤(第2段落)で人々のニュースソースに関する情報が現れる。「テレビから」
＝「今でも過半数」，「ネット上で」＝「3分の1以上」，「ラジオから」＝「4分の1」，

「新聞」＝「5分の1に」。これにより，　28　には②，　29　には③，　30　には①が入る。

　31　「コピー」「チェックなし」をキーサーチ。

新聞とネットの情報の信頼性について語られているのは放送文終盤(第4段落)。新聞の記事は「訓練されたジャーナリストが事実を集め，編集者が発行前に正確さをチェック」。ネットニュースについては「ただコピーして書き直すだけ，あるいは事実か否かのチェックをせずに発表」と述べられている。　31　は②が正解。

📎 **問いのねらい** 　**与えられた資料と放送内容を対照させること ができるか？**

解法のポイント

与えられたワークシートを軸に放送内容を追いかけ，空欄に当 てはまる情報を Words to Catch として順に拾っていくことで 最終的にワークシートが完成する。**「穴埋め問題」の一種**と考え てよい。

☞**ワークシートと設問を徹底活用，問1～5に集中する**

■ワークシート：Newspaper Sales in the USA
　➡予測される英文の内容

> 近年，新聞の発行部数が減少の一途をたどっている。 ピークだった1970年代～80年代にかけては○○部が 発行されていたのに対して2018年では××部にとどま り，30年あまりの間に実に△△部も減少している。

■ワークシート：Where do Americans get their news?
　問2～5選択肢：新聞／ネット／ラジオ／テレビ
　➡予測される英文の内容

> ネットとテレビからニュースを仕入れている人が多く， ラジオと新聞は少数である。最近ではネットからニュ ースを仕入れる人が増加している。しかし新聞はジャ ーナリスト，編集者がファクトチェックをしているの に対して，ネットのニュースはそうではない。

まず間違いなく予想どおりになるので，問1～5に解答するた めの情報「だけ」を集中して聞き取ればよい。 Words to Catch はもちろん選択肢の語句。

スクリプト

Student A：Changes in technology have caused more than half of journalists to lose their jobs.

Student B：Technology has changed the way news is reported and this impacts society.

スクリプトの訳

生徒A：テクノロジーの変化によって，ジャーナリストの半数以上が職を失った。

生徒B：テクノロジーはニュースの報道方法を変え，それが社会に影響を与えている。

解説

Focus

放送文が終盤に差しかかるところ（第4段落冒頭）で，over a fifth of journalists have lost their jobs と述べられており，Aの発言は一致しない。Bの発言が一致することは上記の Sketch からも明らか。そこまでしなくても，問5までの解答を追いながらの作業で十分に判断できる。正解は②。

問7　★★★★★

スクリプト

Jim：Take a look at this graph, Mary. In the younger age group, social media had almost as much influence as television.

Mary：Right. And traditional media such as newspapers and radio were the least influential.

Jim：Interesting. So, what can we learn from this?

スクリプトの訳

Jim：メアリー，このグラフ見てくれる？　若い年齢層だと，ソーシャルメディアがテレビと同じくらいの影響力を持ってるね。

Mary：そうね。それと，新聞やラジオみたいな昔ながらのメディアは一番影響力がないのね。

Jim：面白いね。だとすると，ここから何が分かるだろう？

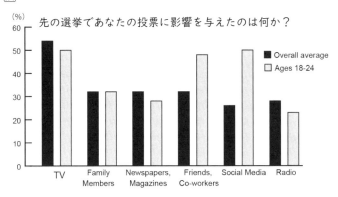

(%)
60
50
40
30
20
10
0

先の選挙であなたの投票に影響を与えたのは何か？

■ Overall average
□ Ages 18-24

TV　Family Members　Newspapers, Magazines　Friends, Co-workers　Social Media　Radio

① 友人や家族は最も信頼できるニュースや情報の発信源である。
② 政治家は自分の宣伝のため選挙前に伝統的なメディアを利用すべきだ。
③ **伝統的なメディアはおそらく将来，情報源としての影響力をさらに低下させるだろう。**
④ 伝統的なメディアは最も重要な情報源であり続けるだろう。

語 句

take a look at ～ 熟 ～を見る	choice 名 選択
influence 動 ～に影響を与える	election 名 選挙
voting 形 名 投票(の)	influential 形 大きな影響を及ぼす

解説

Sketch

＜冒頭➡序盤➡中盤➡終盤＞の流れを「ひと言」レベルで脳内スケッチ。

冒頭（第1段落）「近年，新聞の売上が減少」
序盤（第2段落）「原因はテクノロジー。人々のニュースソースが新聞以外に」
中盤（第3段落）「社会への影響 (1) ＝多くの新聞社が閉鎖」
終盤（第4段落）「社会への影響 (2) ＝訓練されたジャーナリストの喪失。ニュースの質の低下」
最終盤（第5段落）「ニュースサイトやソ　シャルメディアの運営組織がニュースに責任を負うことが社会にとって重要」

「スケッチ×図の内容」から解答を選ぶ。

グラフの読み取り，グラフと選択肢の内容の比較対照が求められることから，読解問題的要素が強い設問。講義の続きに耳を傾け，ポイントをスケッチしたあと，図の内容を重ね合わせて結論を確認。4つの中で同一軸上にある，つまり「時代は伝統的なメディア➡より新しいメディア」を示している選択肢が正解になる。②，④は「伝統的なメディア＝重要」で不正解，①は「メディアに無関係」で同じく不正解。正解は「伝統的なメディア↓（すなわち，より新しいメディア↑）」を表す③である。なお，グラフのco-worker は「同僚」の意味。

2nd

▸ 問題 別冊 P.36

解 答

問1	27	①
問2 ～ 5	28	②
	29	④
	30	①
	31	③
問6	32	①
問7	33	①

第5問

問1 ～ 5

スクリプト

What will classrooms of the future look like? I think we can expect to see more technology in classrooms. Lecture-style lessons are being replaced by individual or group study using computer technology or artificial intelligence. In fact, 4 out of every 5 elementary school students and half of all high school students in the US are now using tablets in the classroom.

There are many elements to computerized learning that we must consider. For example, personalized learning. With the help of computers, students can be provided with lessons that match their individual ability and speed of learning. Although some students prefer not to work alone, most students who have tried using this technology say they feel more motivated to study.

In fact, the US Navy has started to use artificial intelligence to teach its young members. According to reports, students using this technology were not only more motivated, but they also achieved higher grades in tests than students who studied in a traditional classroom.

In traditional classrooms, it is hard for teachers to check their students' progress, but computers keep a detailed record of every student's results and progress. This information is very helpful for the school. On the other hand, schools must invest in expensive technology that often breaks down or needs updating. In addition, many teachers have complained about students using their tablets to play games or check social media instead of learning. It becomes more difficult for teachers to manage their behavior.

Overall, with its many advantages, we should expect to see more schools using computerized learning in the future.

スクリプトの訳

未来の教室はどんな様子でしょう。私は，教室でたくさんの進んだテクノロジーを目にすることが予想できると思います。講義形式の授業はコンピュータ技術や人工知能を利用した個人あるいはグループでの学習に取って代わられつつあります。実際，アメリカの小学生の5人に4人，高校生全体の半数が今では教室でタブレットを使っているのです。

コンピュータを導入した学習には，私たちが考えなくてはならない要素がたくさんあります。例えば，学習が各個人専用になることです。コンピュータの助けを借りることで，生徒は自分の能力と学習スピードに合った授業を受けることができます。1人で勉強するのはいやだという生徒もいますが，こうしたテクノロジーを試した生徒の大部分は，やる気が高まると言っているのです。

実のところ，アメリカ海軍は人工知能を利用して若い軍人を教育することをすでに始めています。レポートによると，このテクノロジーを利用した学生は伝統的な教室で学んだ学生よりもやる気があっただけでなく，テストで優れた成績を修めています。

これまでの教室では，教師は生徒の力がどれだけ伸びたかをチェックするのが困難ですが，コンピュータはすべての生徒の学習の結果と進み具合を細部まで記録しています。この情報は学校にとってとてもありがたいものです。一方で，学校はしょっちゅう壊れたりアップデートが必要になったりするような，高価なテクノロジーに投資しなければなりません。さらに，多くの教師は，生徒がタブレットを学習ではなくゲームをしたりソーシャルメディアをチェックしたりするために使っていると不満を述べています。教師が生徒の行動を管理するのがより難しくなっているのです。

全体としては，利点が多いので，将来は今以上に多くの学校がコンピュータを利用した学習を取り入れるでしょう。

ワークシート

○ 現在のアメリカの学校の教室におけるテクノロジーの利用
  普段授業でタブレットを使用している生徒の割合：[27]
  小学校：_____／_____ → _____ ％
  高校　：_____／_____ → _____ ％

○ 教室におけるテクノロジーの利用——考慮すべき点

要素	肯定的（＋）／否定的（－）	生徒／学校
個人専用の学習	＋	生徒
やる気	28	29
進捗評価	＋	学校
費用	30	31

語　句

第1段落

lecture 　名 講義

-style 　接尾 ～風の[に]，～スタイルの[で]

replace 　動 ～に取って代わる

individual 　形 個々の

artificial intelligence 　名 人工知能，AI

out of ～ 　熟 ～の中から，～のうちの

tablet 　名 タブレットコンピュータ

第2段落

element 　名 要素

computerize
　動 ～にコンピュータを導入する

consider
　動 ～をよく考える，検討する

personalized
　形 特定の個人のニーズに合うようにした

provide ～ with …
　熟 ～（人）に…（物）を提供する

match 　動 ～と釣り合う

ability 　名 能力，学力

prefer to do 　熟 ～するほうを好む

alone 　副 1人で

motivated 　形 意欲[やる気]がある

第3段落

navy 　名 海軍

achieve 　動 （目標・目的など）を達成する

grade 　名 評点，学業成績

第4段落

progress 　名 進歩

detailed 　形 詳細な

record 　名 記録

result 　名 結果，成果

helpful 　形 役立つ

on the other hand
　熟 他方では，それに反して

invest (in)
　動 （金など）を（～に）投資する，（時間・労力など）を（～に）つぎ込む

expensive 　形 高価な

break down 　熟 故障する，壊れる

update
動 (情報・プログラム)を最新のものに更新
する，アップデートする

in addition 熟 その上

complain 動 不平を言う

instead of 〜
熟 〜の代わりに，〜しないで

manage
動 (組織・事業・集団など)を管理する

behavior 名 振る舞い，行動

overall 副 全般的に言えば

advantage 名 利点

解　説

問1　★★★☆☆

訳

① 小学校 80%，高校 50%　　② 小学校 4 %，高校 5 %

③ 小学校 50%，高校 80%　　④ 小学校 5 %，高校 4 %

⑤ 小学校 4 %，高校 50%　　⑥ 小学校 5 %，高校 50%

解説

Focus

「小学校」「高校」「数」の3つがまとめて現れるのを待ち受ける。

問1は冒頭の内容に関する設問。放送文冒頭(第1段落)で，4 out of every 5 elementary school students and half of all high school students in the US are now using tablets in the classroom と述べられていたことが根拠。①が正解になる。「何を待ち受けるか」について十分な事前作業を。

問2〜5　★★★★★

訳

① 否定的　　　② 肯定的　　　③ 学校　　　④ 生徒

解説

Focus

表の中や選択肢に含まれる言葉をつかまえる。

放送文序盤(第2段落)に personalized learning と motivation に関する内容が語られている。最終文の most students who have tried using this technology say they feel more motivated to study が大きな根拠となり，　28　には②が，　29　には④が入る。次に，progress assessment の話に続くすぐ後の部分に cost の話題が現れる。cost については schools must invest in expensive technology that often breaks down or needs updating と述べられており，これを根拠にして　30　に①，　31　に③を入れればよい。

問6　★★★★☆

スクリプト

Student A：Classroom technology is beginning to replace traditional teaching methods in schools.

Student B：The disadvantages of integrating technology into education outweigh the advantages.

スクリプトの訳

生徒A：教室のテクノロジーは，学校での伝統的な教授法に取って代わり始めている。

生徒B：テクノロジーを教育に取り入れることのデメリットは，メリットを上回る。

解説

Focus

問1〜5に解答するために聞き取った情報で十分。講義の英文では最初から最後まで classroom technology をプラスイメージで捉えており，普及が進んでいる様子を述べている。したがって，一致するのはAのみ。正解は①。

問7　★★★★★

スクリプト

John：Take a look at this graph, Nancy. It shows the breakdown of money spent on different teaching materials in American schools since 2005.

Nancy：So ... printed materials include textbooks and digital materials include computers, tablets and software, right?

John：That's right. What do you think publishers can learn from this information?

スクリプトの訳

John：ナンシー，このグラフ見てよ。2005年以降，アメリカの学校でさまざまな教材に使われたお金の内訳なんだ。

Nancy：つまり，印刷教材には教科書が含まれて，デジタル教材っていうのはコンピュータ，タブレット，ソフトウェアね？

John：そう。この情報から出版社が学べることって何だと思う？

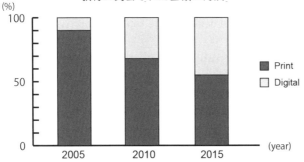

教材に支出された金額の内訳

① 教科書の需要は低くなるため，出版社はデジタル教材の作成に投資すべきだ。
② 出版社はよりよい教科書を提供するために学校や教育の専門家に相談すべきだ。
③ 出版社は需要を増加させ利益の安定を維持するためにより多くの印刷教材を出版すべきだ。
④ デジタル教材の利用は一時的な流行なので，より多くの印刷教材を生産することが重要である。

語句

breakdown	名 内訳	include	動 ～を含む
material	名 材料, 資料	publisher	名 出版社
print	動 ～を印刷する　名 印刷物		

解法のポイント

☞問7は読解問題的要素が非常に強い設問。新たに流される英文は問1～5の講義の英文に対する「補足説明」にとどまるものであり，**図表を把握した上で，「問1～5を聞いた記憶」と照らし合わせて解答する**問題にすぎない。

解説

Focus

講義全体の要旨を再確認。

講義の続きに新たな情報の指摘はない。与えられたグラフは問1～5の講義で語られ

た「印刷教材からデジタル教材へ」の動きを示すデータそのものであり，これを示す選択肢は①，したがって①が正解である。②と③については，講義のテーマである「デジタル教材」に触れていないため不正解。④も「デジタル教材は一時的な流行」とあり，問1〜5の講義の英文の内容と異なることから不正解。「解法のポイント」で指摘したとおり，限りなく「読解問題」に近い。

第6問

1st

▶ 問題 別冊 P.40

解答

A

問1	34	②
問2	35	①

問1〜2

スクリプト

Mother : Watch out! You're bumping into everything, Steve. Stop being a smartphone zombie!

Steve : Sorry Mom. I was texting my friends. I should have been more careful.

Mother : Careful? I'm not just talking about that. My real question is, do you need to text your friends now?

Steve : I'm sorry. But, don't take away my smartphone. I really need it. I can't be friends with anyone without it.

Mother : You always say that. But I'm not really convinced . . . .

Steve : Mom, don't say it's too expensive! I know it costs over 10,000 yen every month, but . . . .

Mother : No, I'm not worried about that, either. What I'm thinking is that we should spend more time together. Today, we've been out shopping for two hours, but we've only talked for less than a minute. You've been with your smartphone all this time and not with me.

Steve : But Mom, my social life cannot exist without a smartphone.

スクリプトの訳

母親：危ない！　スティーブ，あなた何にでもぶつかっちゃいそうよ。歩きスマホはやめなさい！

スティーブ：ごめん，ママ。友だちにメールしてたんだ。もっと気をつけるべきだったよ。

母親：気をつける？　そのことだけを言ってるんじゃないの。私が本当に聞きたいのはね，今友だちにメールする必要があるの？

スティーブ：ごめん。でも，僕のスマホを取り上げないでね。本当に必要なんだ。これがないと，誰とも友だちになれないよ。

母親：いつもそう言うのね。でも，私にはよく理解できないわ…。

スティーブ：ママ，お金がかかりすぎるなんて言わないでね！　毎月1万円以上かかっ
てるのは知ってるけど…。

母親：そんなことを気にしてるんじゃないの。私が考えてるのは，もっとたくさ
んの時間を一緒に過ごしたほうがいいっていうこと。今日だって，2時間
一緒に外で買い物してるのに，1分もしゃべってないじゃない。あなたは
ずっと，私とじゃなくてスマホと一緒よ。

スティーブ：でも，ママ，僕の社会生活はスマホなしじゃありえないんだもん。

語句

watch out	熟 気をつける	take away ～	熟 ～を奪う
bump	動 どすんとぶつかる[衝突する]	convince	動 ～を納得させる
smartphone zombie		cost	動 (値段)がかかる
名 歩きスマホをする人		out	副 (家・職場などから)外出して
text	動 (人)に携帯電話でメールを送る	social	形 社会生活の，社会的な

解説

問1　★★☆☆☆

訳　スティーブの発言の主旨はどれか。
① 彼はスマホがなくてもよい社会生活を送ることができる。
② **彼は友だちを作るためにスマホを持っている必要がある。**
③ スマホは安くなっている。
④ スマホは買い物に行くときに便利だ。

問2　★★☆☆☆

訳　スティーブの母親の発言の主旨はどれか。
① **彼女と息子は十分な時間を一緒に過ごしていない。**
② スティーブは友だちにメールを送るのではなく電話をかけるべきだ。
③ スティーブはもっと慎重にスマホを持ち歩くべきだ。
④ スティーブのスマホの利用料金は高すぎる。

解説
まず，会話＝議論のテーマであるスマホへの2人の主張(スマホに対し「プラス」と
「マイナス」のどちらのイメージを抱いているか)を把握，その後にそれぞれの主張に対
する中心的根拠を聞き取る。主張は会話の比較的早い段階で把握でき，「スティーブ：
スマホ＝プラス」，「母親：スマホ＝マイナス」はわかるだろう。そして母親は最後の発
言で，we should spend more time together，スティーブは2番めと最後の発言で，

83

I can't be friends with anyone without it., my social life cannot exist without a smartphone と述べている。これらをとらえられれば，それぞれが主張の中心的根拠であると容易に理解できる。正解は問１が②，問２は①になる。

📎 問いのねらい 議論を聞いて「発言の主旨」が正しく理解できるか？

解法のポイント

２人それぞれについて「主張＝イメージ」と「根拠」の２点を追いかける。選択肢から事前に２点を整理しておくことが重要。

☞**選択肢を事前に整理➡聞き取りに集中。**

例
【問題用紙】
①犬は人間の言葉がわかるから好き。
「プラス」×「言葉がわかる」➡ Words to Catch ＝「言葉」
②犬はかわいいから好き。
「プラス」×「かわいい」➡ Words to Catch ＝「かわいい」
③犬は毛が抜けるから嫌い。
「マイナス」×「毛が抜ける」➡ Words to Catch ＝「毛」
④犬はワンワンうるさいから嫌い。
「マイナス」×「うるさい」➡ Words to Catch ＝「音」

【放送文】
A：
B：⎱ **会話前半（およそ２往復）➡「主張＝イメージ」を Catch。**
A：⎰ …「いつか飼いたい」＝プラス
B：　 …「あなたが世話してよ」＝マイナス

A：
B：⎱ **会話後半（およそ２往復）➡「根拠」を Catch。**
A：⎰ …「呼べば喜んで飛んでくるよ」＝言葉がわかる
B：　 …「私はアレルギーなの」＝毛が抜ける

発言の主旨はそれぞれ A は①，B は③が正解。

解 答

B	問1	36	①
	問2	37	①

問1〜2

スクリプト

Moderator : Thank you for your presentation, Dr. Gomez. You spoke about how social media is affecting students' grades.

Dr. Gomez : That's right. In general, students' grades are lower when they use social media, and their grades go up when they stop using it. Social media seems to steal students' time and attention.

Moderator : OK. Now, Dr. Gomez will take your questions. Yes?

Laura : My name is Laura. I'm a freshman in high school. I really want to reduce the time I spend on social media but I just can't stop checking comments and messages from my friends.

Dr. Gomez : Well, it's not easy to do unless you quit social media altogether. You feel you have to check comments and messages because you're worried that you might miss something important ....

Moderator : Uh, Dr. Gomez, the gentleman back there seems to have something to say.

Dr. Gomez : Sure. Go ahead.

Alessandro : Hi, I'm Alessandro, a senior in college. I think social media is just like TV or video games. We should be able to control ourselves. I use social media every day, but I don't think I am distracted by them. I simply ignore comments and messages when I'm studying.

Dr. Gomez : Well, according to research, you still get distracted even if you just think that you have received comments and messages. And it takes about 20 minutes on average to get your focus back.

Alessandro : Really? But my grades are good.

Dr. Gomez : Well, they can get better, I suppose.

Moderator : Interesting. Now, we're running out of time. One more question, then let's move on to the next presentation.

司会：ゴメス博士，ご発表ありがとうございました。先生はソーシャルメディアがどのように学生の成績に影響を与えているかについて話してくださったわけですが。

ゴメス博士：そのとおりです。一般に，学生の成績はソーシャルメディアを利用すると下がり，利用をやめると上がります。ソーシャルメディアは学生の時間と注意力を奪ってしまうように思えますね。

司会：なるほど。ではここで，ゴメス博士が皆さんからの質問を受けつけてくださいます。はい，どうぞ。

ローラ：私はローラといいます。高校１年生です。私はソーシャルメディアを見て過ごす時間を減らしたいと心から思っているんですけど，どうしても友人たちからのコメントやメッセージをチェックしないではいられないんです。

ゴメス博士：ええ，それはソーシャルメディアをすっかりやめてしまわない限り，簡単ではないでしょうね。あなたがコメントやメッセージをチェックしなければいけないと感じてしまうのは，自分が何か重要なことを逃してしまうのではないかと心配だからなんです…。

司会：なるほど。博士，あちらの男性が何かおっしゃりたいことがあるようです。

ゴメス博士：結構ですよ。どうぞ。

アレッサンドロ：こんにちは，僕はアレッサンドロといいます。大学４年生です。僕はソーシャルメディアというのはテレビやビデオゲームと同じようなものだと思うんです。自分を管理できなきゃいけませんから。僕は毎日ソーシャルメディアを利用していますが，それで注意力が削がれているとは思いません。コメントやメッセージも勉強中は無視するだけです。

ゴメス博士：調査によると，コメントやメッセージを受信したと考えるだけで，注意力は削がれているんです。そして集中力を取り戻すには，平均して20分かかるのです。

アレッサンドロ：本当ですか？　でも僕の成績はいいですよ。

ゴメス博士：それなら，もっと上がる余地があると思います。

司会：それはおもしろいですね。さて，そろそろ時間になります。あとお一方にご質問をいただいて，それから次の発表に移らせていただきたいと思います。

語 句

presentation	名 (学会などでの)発表	miss	動 ～を見落とす
in general	熟 一般(的)に	senior	名 (大学・高校の)最上級生
grade	名 評点, 学業成績	distract	
attention	名 注意(力)		動 (注意・心など)をそらす, 散らす
freshman	名 1 年生	ignore	動 ～を無視する
reduce	動 (数量・力・価格など)を減らす	focus	名 焦点, 関心の的
unless	接 ～でなければ	suppose	動 ～だと思う
quit	動 ～をやめる	move on	熟 (次の話題などに)移る, 進む
altogether	副 全く, 完全に		

解 説

問 1　★★★★☆

① アレッサンドロ

② ローラ

③ アレッサンドロとゴメス博士

④ ローラとゴメス博士

解説

Focus

ソーシャルメディアに対する 3 人の「イメージ」に " 注耳 " する。

「プラス」or「マイナス」を判断するだけであり, 細部が聞き取れなければ正解できない問題ではない。一人一人の発言から,「イメージ」をしっかりとらえることを意識しよう。Laura は発言の中で I really want to reduce the time I spend on social media と述べていることから, ソーシャルメディアに対し「マイナス」のイメージを抱いていると判断できる。Alessandro は I use social media every day, but I don't think I am distracted / my grades are good と, 徹底して「ソーシャルメディアに何か問題がありますか」という立場を貫いている。これだけ同じニュアンスの文が連続すれば, 1 か所や 2 か所聞き取りきれない部分があっても, 全体の「イメージ」を受け止めることに支障はないだろう。Dr. Gomez については, 最初の発言の冒頭, students' grades are lower when they use social media, and their grades go up when they stop using it. Social media seems to steal students' time and attention. さえ聞き取れれば, あとは同じ考えを展開させているにすぎないことがわかる。博士は議論の中心人物であり, 発言機会が最も多いだけに, これも判断は容易だろう。以上より, 正解は Alessandro のみ, ①である。

問2　★★★☆☆

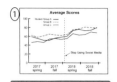 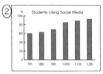 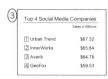 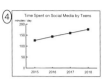

Focus

問1の解答作業だけで正解が得られる問題。

問1より，ゴメス博士は最初の発言で，ソーシャルメディアについて「利用する→成績が下がる」「利用をやめる→成績が上がる」という関係を指摘していることから，正解は①。ソーシャルメディアの利用をやめた後，成績が上がったことを示す「平均点」のグラフ。②は「ソーシャルメディアを使っている生徒の割合（学年が上がるにつれて増えている）」，③は「ソーシャルメディアの上位4社」，④は「十代がソーシャルメディアに費やす時間」でいずれも博士の主張に無関係。

📎 **問いのねらい** 多人数の議論を一度聞くだけで，各発言者の「最低限の主張」を正しく整理できるか？

解法のポイント

問1では，すべての発言者について「主張＝イメージ」だけを追いかける。問2では，「聞いた記憶」と各選択肢の主旨を照合させる。

☞ **第6問Bは他の問題の「ただのコピペ」だ！**

■ **問1：第6問A問1，問2と解法が同じ**

第6問A問1　　What is Steve's main point?

　　　問2　　What is Steve's mother's main point?

　　　　　　　➡ **2人の「主張＝イメージ」×「根拠」を Catch。**

第6問B問1　　3人のうち，…との立場で意見を述べている人を…選びなさい。

　　　　　　　➡ **3人の「主張＝イメージ」だけを Catch。**

■ **問2：第5問問7と解法が同じ**

第5問問7　　　講義の続きを聞き，下の図から読み取れる情報と講義全体の内容から，どのようなことが言えるか，…

　　　　　　　➡ **図表を把握，「聞いた記憶」と照らし合わせて解答。**

第6問B問2　　○○の意見を支持する図を，4つの選択肢のうちから1つ選びなさい。

　　　　　　　➡ **図表を把握，「聞いた記憶」と照らし合わせて解答。**

2nd

▶▶ 問題 別冊 P.44

解　答

A

問1	34	①
問2	35	④

問1〜2

スクリプト

Jenny : The same coffee shop again, Brian?

Brian : It's not the same, Jenny. The one we went to last week was on 5th street. It's the same chain, though.

Jenny : That's what I'm saying : the same chain.

Brian : Oh, you don't like this coffee shop?

Jenny : Well, you know, wherever you go, you see the same coffee shop chain. Wouldn't it be nice sometimes to try a local independent coffee shop?

Brian : We could. But there is no guarantee the shop will be any good. I agree it's sad that chains are taking over local businesses, but chain stores usually maintain high standards of service.

Jenny : But independent coffee shops are more distinctive and original. Visiting them is not just a visit but an experience.

Brian : Yes, and it can be a bad experience. Come on, Jenny. It's cold out here. Let's just go in.

スクリプトの訳

　ジェニー：ブライアン，また同じ喫茶店？

ブライアン：同じじゃないよ，ジェニー。先週行ったのは5番街だったろ。同じチェーンだけど。

　ジェニー：それよ，私が言ってるのは。同じチェーンってこと。

ブライアン：ああ，君はこの喫茶店が好きじゃないのか。

　ジェニー：だって，ほら，どこに行っても同じチェーン店があるじゃない。たまには，そこにしかない個人経営の喫茶店に行ってみるのもいいと思わない？

ブライアン：まあいいけど。でも，その店がいいなんていう保証はどこにもないんだよ。チェーン店が地元の店に取って代わってるのが悲しいっていうのは，僕も思うけど，チェーン店はたいていサービスの水準が高く保たれてるよね。

ジェニー：でも個人経営の店のほうが特色と独自性があるわ。そういう店に行くのっ
　　　　　て，ただ行くっていうだけじゃなく，特別な経験でもあるのよ。
ブライアン：うん，悪い経験かもしれないけどね。おいでよ，ジェニー。ここは寒いよ。
　　　　　とりあえず中に入ろう。

語 句

chain
　名 (店・ホテル・映画館などの)チェーン
local　　　　　形 その土地の，地元の
independent　　形 独立した，自営の
guarantee　　　名 保証，確約
take over ～
　熟 ～を引き継ぐ，横取りする

maintain　　動 ～を維持する
standard　　名 基準，水準
service　　　名 接客(ぶり)
distinctive　形 他と異なった，独特の
original　　　形 創造[独創]的な
experience　名 経験

解 説

問1　★★★☆☆
　訳　ジェニーの発言の主旨はどれか。
　① **チェーンの喫茶店のほうがつまらない。**
　② チェーンの喫茶店のほうが高い。
　③ チェーンの喫茶店にはあまり経験がない。
　④ チェーンの喫茶店はおいしいコーヒーを出さない。

問2　★★★☆☆
　訳　ブライアンの発言の主旨はどれか。
　① 地元の店が消滅しつつあるのはよいことだ。
　② 地元の喫茶店は値段が高すぎる。
　③ チェーンの喫茶店のほうが独自性があると感じる可能性が高い。
　④ **チェーンの喫茶店のほうが優れたサービスを受けられる可能性が高い。**

解説

会話の前半で，２人の主張が「ジェニー：チェーン＝マイナス」，「ブライアン：チェーン＝プラス」で対立していることは把握できるだろう。そしてジェニーの最後の発言に，But independent coffee shops are more distinctive and original. とあることから，問１の正解は①になる。ブライアンは会話後半で，チェーンについて chain stores usually maintain high standards of service，地元の店については there is no guarantee the shop will be any good，さらに it can be a bad experience と述べていることから，問２の正解は④になる。

▶▶ 問題 別冊 P.45

解 答

B

問 1	36	①
問 2	37	①

問 1 ～ 2

スクリプト

Moderator : Thank you for your lecture, Professor Williams. You spoke about how everyone can improve their mood by thinking about positive things in their lives.

Prof. Williams : Correct. I want everyone to know that there is something they can easily do to improve their mood. Actually, some depression patients recovered in an experiment.

Moderator : OK. Now, let's take some questions. Anyone? Yes.

Eric : Hi, I'm Eric. Dr. Williams, you said the problem many people have is that they think about negative things too much.

Prof. Williams : That's right. And changing that is the key to improving mood.

Eric : Well, I don't think it is possible because even when things are going right, one bad thing will ruin everything. And you will always remember the bad part, not the good part, and cannot stop thinking about it.

Prof. Williams : Good point. People tend to remember negative things more than positive ones. So, we need to help ourselves focus on positive ones. One good way, as I mentioned in the lecture, is to thank people.

Moderator : So, remembering positive things is the key. Anyone else? Yes.

Catherine : Hi, I'm Catherine. I've just had an experience that demonstrates Dr. Williams' point. Today at a restaurant, I was careless and dropped my drink on the floor. They cleaned up the mess for me, but I was sorry and unhappy. However, when I said "thank you" to the person who helped me, she smiled at me, and I felt happy. And now, I remember the whole event as a positive one.

Prof. Williams：That's exactly the kind of thing I've been talking about. There are so many people doing great jobs around you. Look at their face, smile, and say "thank you". Then, you will feel happy, and it will make them feel happy, too. And, happy feelings will spread.

Moderator：Very inspiring. Thank you, Professor Williams.

スクリプトの訳

司会：ウィリアムズ教授，本日はご講演いただきありがとうございました。先生には，日々の生活で前向きなことを考えれば誰もがいい気分になれるということをお話しいただきました。

ウィリアムズ教授：そのとおりです。私は皆さんに，気分をよくするために簡単にできることがあると知っていただきたいのです。実際，一部のうつ病の患者さんはある実験で回復しました。

司会：それでは質問を受けつけたいと思います。どなたかいらっしゃいますか。はい。

エリック：こんにちは，エリックと申します。ウィリアムズ博士，あなたは多くの人々が抱えている問題は，よくないことを考えすぎる点だとおっしゃいましたね。

ウィリアムズ教授：そのとおりです。そしてそれを変えることが気分を上向かせる鍵となるのです。

エリック：でも，そううまくいかないと思うんです。というのは，物事がうまくいっているときでも，1つ悪いことが起きればすべてが台無しになってしまうからです。それに，人はいつもよかったところではなく悪かったところを覚えていて，それを考えずにいられないのです。

ウィリアムズ教授：よい点を指摘してくれましたね。人はいいことよりもよくないことを覚えている傾向があります。ですから，私たちは自分がいいことに意識を集中するよう努力する必要があります。1ついい方法は，講義の中でも申し上げたとおり，人々に感謝することです。

司会：つまり，いいことを覚えておくのが鍵ということですね。他にどなたか？　はい。

キャサリン：こんにちは，キャサリンと申します。私は，ウィリアムズ博士の主張を証明するような経験をしたばかりなんです。今日レストランで，私は不注意にも飲み物を床に落としてしまいました。店員さんが私のために後始末をしてくれたんですけど，私は申し訳なくて落ちこんでいました。でも，助けてくれた方に私が「ありがとうございました」と言うと，彼女は私に向かって微笑んでくれて，私はうれし

くなりました。今では，その出来事の一部始終が私にはいいことだったと思えるんです。

ウィリアムズ教授：それこそまさに私がお話ししてきたことです。私たちの身の周りではとてもたくさんの人々がすばらしいことをしているんです。そういう人々の顔を見て，笑顔を浮かべて「ありがとう」と言いましょう。そうすれば，あなたが幸福になり，それが彼らをもまた幸福にしてくれます。そして，幸福は広まっていくのです。

司会：とても示唆に富んだお話です。ウィリアムズ教授，どうもありがとうございました。

語 句

improve	動 ～を改良[改善]する	mention	動 ～に言及する
mood	名 気分，機嫌	demonstrate	動 ～を論証する，証明する
positive	形 積極的な，前向きの，楽観的な	careless	
depression	名 意気消沈，うつ病		形 (人・行為が)不注意な，軽率な
patient	名 患者	mess	
recover	動 回復する		名 散らかった状態，散らかしたもの
negative	形 消極的な，悲観的な	whole	形 全体の
ruin	動 ～をだめにする，台無しにする	exactly	副 正確に，まさに
tend to *do*	熟 ～する傾向がある	spread	動 広がる
help *one*self	熟 自分で努力する	inspiring	
focus on ～	熟 ～に注意[関心]を集中する		形 インスピレーションをひらめかせる

解 説

問1　★★★★☆

① エリック

② キャサリン

③ エリックとウィリアムズ教授

④ キャサリンとウィリアムズ教授

解説

Focus

細部ではなく発言の全体から3人それぞれの「イメージ」を聞き取る。

Catherine は発言の最後で when I said "thank you" to the person who helped me, she smiled at me, and I felt happy. And now, I remember the whole event as a positive one. と述べているので，彼女の考えが「プラス」であることが読み取れるだろう。つまり，懐疑的立場ではない。Eric については，2度目の発言から判断できる。冒頭，I don't think it is possible から最後の you will always remember the bad part, not the good part, and cannot stop thinking about it まで一貫して「マイナ

ス」，つまり懐疑的立場と判断できる。Professor Williams は，最初の発言の there is something they can easily do to improve their mood や，最後の発言の you will feel happy, and it will make them feel happy, too. And, happy feelings will spread. などが最もわかりやすいが，一貫して「プラス」の立場である。以上から，正解は①の Eric だけである。

問2　★★★☆☆

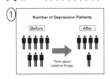 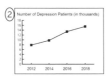 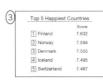 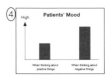

Focus

質疑応答の要旨が把握できていることを確認する問題。

司会の最初の発言，およびそれに続くウィリアムズ教授の最初の発言が根拠。それらは前向きにものを考えることで気持ちも前向きになり，うつが改善した患者が実際にいる，という内容であり，この内容に即した図は①だけである。②は「うつ病の患者数」，③は「最も幸せな国上位5か国」，④は「患者の気分」といずれも教授の主張に反するか無関係かのいずれか。

模試にチャレンジ 解答一覧 （100点満点）

問題番号 （配点）		解答 番号	正解	配点
第1問 （25）	A （16）	1	④	4
		2	②	4
		3	④	4
		4	④	4
	B （9）	5	②	3
		6	①	3
		7	①	3
第2問 （16）		8	④	4
		9	①	4
		10	①	4
		11	④	4
第3問 （18）		12	④	3
		13	①	3
		14	④	3
		15	③	3
		16	②	3
		17	④	3

問題番号 （配点）		解答 番号	正解	配点
第4問 （12）	A （8）	18	③	4*
		19	④	
		20	①	
		21	②	
		22	①	1
		23	②	1
		24	④	1
		25	②	1
	B（4）	26	④	4
第5問 （15）		27	④	3
		28	④	4*
		29	①	
		30	②	
		31	③	
		32	③	4
		33	①	4
第6問 （14）	A （6）	34	③	3
		35	②	3
	B （8）	36	①	4
		37	③	4

＊は，全部正解の場合のみ点を与える。

第1問A

▶▶ 問題 別冊 P.48

解答

問1	1	④	(各4点)
問2	2	②	
問3	3	④	
問4	4	④	

問1　★☆☆☆☆

スクリプト

The food was great, but I would have preferred something less expensive.

スクリプトの訳

食事はすばらしかったけれど，もう少し高くないもののほうがよかったな。

語句

prefer 動 ～のほうを好む，選ぶ

解説

訳
① 食事はまずく，高かった。
② 食事はまずかったが，高くはなかった。
③ 食事はおいしく，高くなかった。
④ **食事はおいしかったが，高かった。**

解説

Focus

難しい表現は「つながり」をヒントに理解する。

前半から①②が消えるのはすぐにわかるが，後半の表現レベルがやや高い。〈would have ＋過去分詞〉は仮定法過去完了で「実現しなかった過去」を表すため，something less expensive「もっと高くないもの」を「実際には選ばなかった」，つまり「高いものを選んだ」ことになる。これが理解できないときは，but でつないでいることから，後半は前半と逆でマイナスのイメージだと判断すればよい。正解は④。

98

問2　★☆☆☆☆

スクリプト

Let me know if you need help when you move, Kenji. I have a pickup truck.

スクリプトの訳

ケンジ，引っ越しのときに手伝いが必要なら言ってくれ。ピックアップトラックを持っているから。

語　句

pickup truck 名 （小型無蓋の）集配用トラック

解　説

訳

① 話者はいつでも喜んでケンジのアパート探しを手伝う。

② **話者はいつでも喜んでケンジの引っ越しを手伝う。**

③ 話者はケンジにピックアップトラックを買ってほしいと思っている。

④ 話者はケンジに自分のピックアップトラックを動かすのを手伝ってほしいと思っている。

解説

Focus

「動詞以降」の聞き取りを核に，出来事全体を組み立てる。

第1文の when you move「引っ越すとき」から①または②に絞られる。第2文の have a pickup truck は「トラックを持っている」という意味であり，そこから「アパート探し」よりも「引っ越し」が適切だと判断できるため，②が正解になる。

問3　★☆☆☆☆

スクリプト

Tom did well on the exam, though he had a fever.

スクリプトの訳

トムは熱があったにもかかわらず，試験はうまくいった。

語　句

though 接 ～だけれども，～にもかかわらず

訳

① トムは熱があったので試験がうまくいかなかった。

② トムは熱はなかったが，試験がうまくいかなかった。

③ トムは熱がなかったので試験はうまくいった。

④ **トムは熱があったが，試験はうまくいった。**

解説

Focus

２つの「事実」×「つながり」の聞き取り。

前半から①と②が消える。後半は though でスタートするので，イメージが「マイナス」に転じると判断できる。had a fever が聞き取れれば，正解は④とわかる。

問4　★☆☆☆☆

スクリプト

I like the color, but can I have this T-shirt in a bigger size?

スクリプトの訳

色はいいんだけど，このTシャツでもっと大きいのはありますか？

解　説

訳

① そのTシャツには多くの色がある。

② そのTシャツにはサイズが１つしかない。

③ そのTシャツは話者の好みではない。

④ **そのTシャツは話者には小さい。**

解説

Focus

基本公式どおり，後半で正解が決まる問題。

後半(but 以下)が聞き取れれば正解がわかる，という問題。can I have this T-shirt から「このTシャツ自体は気に入っている」ことがわかるので，③が消える。続く in a bigger size? から「サイズが複数ある」ことが推測できるので，②が消え，同時に「これでは小さい」ことがわかる。したがって，正解は④。

第**1**問 B

▶ 問題 別冊 P.49

解答

問5	5	②	(各3点)
問6	6	①	
問7	7	①	

問5 ★☆☆☆☆

スクリプト

He kept me waiting for a long time.

スクリプトの訳

彼は長い時間私を待たせました。

語句

keep ~ *doing* 熟 (人・物)に…させ続ける[させておく]

解説

解説

Focus

イラストから2つの「対立点」を意識する。

対立点は，(ⅰ)待っていた=「男性」or「女性」，(ⅱ)表情=「イライラ」or「ニコニコ」の2点。英文の始まりが He kept me であることから，(ⅰ)待っていた=「女性」，最後にfor a long time と語られたことから，(ⅱ)表情=「イライラ」を選ぶ。正解は②。

問6 ★☆☆☆☆

スクリプト

One large pizza was just enough for us three.

スクリプトの訳

Ｌサイズのピザ１枚で私たち３人にちょうどいい量だったね。

語　句

enough 形（数・量が）十分な，必要なだけの

解　説

解説

Focus

「食べきったor残った」と「１枚or３枚」を聞き取る。

対立点はわかりやすい。One large pizza was just enough で正解が①に決まる。one large pizza でピザは「１枚」，just enough で「ちょうどの量」。②は「残った」なので不正解。

問7　★★☆☆☆

スクリプト

Right after the slope, there were several stone steps leading to the shrine.

スクリプトの訳

坂のすぐ後に，神社に続く石段がありました。

語　句

slope 名 坂，斜面

解　説

Focus

「位置関係」に"注耳"する。

「坂道」「石段」「神社」という言葉そのものよりも，それらの「位置関係」を示すワードを意識するのがポイント。英文は Right after the slope, で始まっている。つまりスタートは「坂道」だから③と④は NG。Right after ～「～のすぐ後に」とあるので，坂道と石段の間に踊り場がある②が消える。続く there were several stone steps で決まり。正解は①。

解答

問8	8	④	（各4点）
問9	9	①	
問10	10	①	
問11	11	④	

問8　★★☆☆☆

スクリプト

M：Look at that man! He is wearing his shirt inside out!
W：No, he's not. The reversed "R" is just the design.
M：OK .... But wait! He's reading his book upside down, isn't he?
W：Yeah .... That's strange ....

Question：Which man are the speakers talking about?

スクリプトの訳

男性：あの男の人を見て！　シャツを裏表に着ているよ！
女性：違うわ。Rの文字が反対なのは，ああいうデザインなのよ。
男性：そうか…。でも，ちょっと待って！　あの人，本を逆さに持って読んでいるんじゃない？
女性：そうね…。変だわ…。

問い：話者はどの人物について話しているか。

語句

inside out 熟 裏返して
reverse 動 （位置・方向など）を逆にする

upside down 熟 逆さまの［に］

104

解説

Focus

会話1往復ごとの「テーマ」をつかむ。

会話の2つの「テーマ」がTシャツの柄と本の向きであることは容易に想像がつく。それぞれ「どっち？」を聞き取ればよい。前半1往復の会話で，シャツには reversed "R" 「左右反転した R」がプリントされていることがわかる。したがって正解は①か④のどちらか。後半1往復では，男性が読んでいる本について，upside down 「上下逆さま」と語られている。④が正解。

問9　★☆☆☆☆

スクリプト

M：The women's basketball team is doing well this season.

W：Yes.　They are now 3-1.

M：Yeah, and I think Junko is the key.

W：Right.　The team always wins when she scores more than 15 points.

Question：Which is the current score?

スクリプトの訳

男性：女子のバスケットボールチームは今シーズンはよくやってるね。

女性：ええ。今のところ3勝1敗だし。

男性：そうだね，ジュンコが鍵だと思う。

女性：ええ。あのチームはジュンコが15点以上取ると必ず勝ってるから。

問い：現在の成績はどれか。

語 句

key
名 (問題解決などの)鍵(となるもの)；重要人物

score 動 (試合などで)(点)を取る 名 (スポーツ競技・試合の)点数，成績

解 説

①

Game	Win/Loss	Junko's points
1	W	18
2	L	5
3	W	20
4	W	25

②

Game	Win/Loss	Junko's points
1	W	18
2	L	19
3	W	20
4	W	25

③

Game	Win/Loss	Junko's points
1	W	18
2	L	5
3	L	20
4	W	25

④

Game	Win/Loss	Junko's points
1	W	5
2	L	5
3	L	5
4	W	25

[解説]
Focus

事前分析がやりにくい問題は，「やりにくさ」自体がヒントになる。
イラストから，①と②が「3勝1敗」，③と④が「2勝2敗」で対立していることはすぐに見て取れる。が，ジュンコの得点がそれにどうからむのかが今ひとつわからない……それで十分である。そこまでの事前分析で，「勝敗数」と「勝敗とジュンコの得点の関係」の2点がリスニングのフォーカスであることがわかる。前半1往復では，「3勝1敗」ということがわかる。後半1往復で，The team always wins when she scores more than 15 points.「彼女(＝ジュンコ)が15点以上得点したとき，必ず勝利」とわかる。①が正解。

問10　★☆☆☆☆
スクリプト

M：What's the name of this triangle?
W：You mean the one with two equal sides?
M：No, not just two, but all of them.
W：Oh, the one with all equal angles.

Question：Which is the shape the two people are talking about?

スクリプトの訳

男性：この三角形はなんていうの？
女性：2本の辺の長さが同じやつのこと？

男性：違うよ，２本だけじゃなくて全部だよ。
女性：ああ，角度が全部同じやつね。

問い：２人が話している図形はどれか。

語　句

equal 形（数量・規模・程度などが）等しい　angle　名 角度
side　名（平面図形の）辺

解　説

  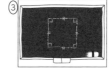 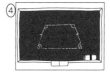

解説

Focus

オーソドックスな第２問。
「三角形」or「四角形」，「２辺が等しい」or「すべての辺が等しい」の対立点２点を聞き取る。第２問の基本設計どおり，会話の前半１往復で this triangle が出てきて「三角形」であることが明らかになり，③と④が消える。そして，後半１往復の not just two, but all of them を聞き取って終了。正解は①。

問 11　★☆☆☆☆

スクリプト

W：What should we get our granddaughter, Amy, for Christmas?
M：Something not too expensive. She is only 10.
W：Right. Let's see. She likes playing outdoors ....
M：Well, OK. I have an idea!

Question：Which might they get their granddaughter for Christmas?

スクリプトの訳

女性：クリスマスに，孫のエイミーに何を買いましょうか。
男性：あまり高くないものにしよう。エイミーはまだ１０歳だからな。
女性：そうですね。ええと，あの子は外で遊ぶのが好きですから…。
男性：ああ，そうだ。いい考えがある！

問い：彼らはクリスマスに孫娘に何を買ってあげると思われるか。

語 句

Let's see. 熟 ええと。, そうですね。　outdoors 副 屋外で

解 説

解説

Focus

問3に続きイラスト整理が容易な典型問題。

イラストを見た瞬間，「高い＝①③」or「安い＝②④」と「屋外③④」or「場所を選ばず①②」，の対立であることが把握できる。前半の Something not too expensive で「安い」を選び，後半の She likes playing outdoors から「屋外」を選ぶ。正解は④。

第**3**問

▶▶ 問題 別冊 P.56

解 答

問12	12	④	（各3点）
問13	13	①	
問14	14	④	
問15	15	③	
問16	16	②	
問17	17	④	

問12　★★☆☆☆

スクリプト

M：Could you pass me the car key?　It's right over there.

W：Come on!　It's only a three-minute walk to the store!　Don't be lazy.　You need to move your body more.

M：I know I should .... But, it's raining outside.　Let me start next time.

W：No!　The sooner, the better!　Your umbrella is in the garage!

スクリプトの訳

男性：車の鍵，取ってくれる？　そこにあるから。

女性：やめてよ！　店まで歩いてたった3分じゃない！　怠けてないで，もっと体を動かさなくちゃ。

男性：わかってるよ…。でも，外は雨が降ってるから。次からそうするよ。

女性：ダメよ！　早いほどいいの！　あなたの傘はガレージにあるわ！

語 句

walk　图 歩行距離，歩行時間
lazy　形 (人が)怠惰な

the ＋比較級 〜, the ＋比較級 ...
　熟 〜すればするほど…
garage 图 ガレージ，車庫

訳 女性は男性に何をしてほしいか。
　① 車で店に行く。
　② 店に行かない。
　③ 雨がやむのを待つ。
　④ **店まで歩く。**

解 説

Focus

「女性の発言」に "注耳" して「要するに言いたいことは？」を理解する。

「女性の考え」を聞き取る問題なので，女性の発言を意識して聞き取る。最初の You need to move your body more. と，最後の Your umbrella is in the garage! が聞き取れれば，要するに女性は「男性を歩かせようとしている」のだとわかる。正解は④。

問 13　★★☆☆☆

スクリプト

W : I prefer trains.

M : Why? Flying is faster, and it costs about the same.

W : But, getting to the airport is the problem. There is no bus service where I live.

M : That's not a problem. I have a car. I will pick you up at your place, and we will go to the airport together.

スクリプトの訳

女性：電車のほうがいいわ。

男性：どうして？　飛行機のほうが速いし，値段だって同じくらいしかからないよ。

女性：でも，空港まで行くのが面倒でしょう。私が住んでいるあたりはバスもないし。

男性：それなら問題ないよ。僕の車があるから。君の家まで迎えに行くから，一緒に空港まで行こう。

語 句

fly	動 飛行機で行く	pick up 〜
cost	動 (値段)がかかる	熟 (人)を(車などで)迎えに行く[来る]
get to 〜	熟 〜に到着する	place 名 家

訳 彼らはどうやって出張に行くか。
① 飛行機で
② バスで
③ 車で
④ 電車で

解 説

Focus

流れを完全に予想した上で「最後」を聞き取る。

選択肢から，目的地に向かう交通手段についていくつかの「案」が挙げられ，却下され，結果的に 1 つに決まる，というパターンであることは容易に想像できる。したがって，意識して聞き取るべきは＜後半 1 往復＞である。最後の男性の発言にある I have a car. 以降が事実上すべて。正解は①。

問 14　★★☆☆☆

スクリプト

M：Hey, you got a haircut! It looks really good!

W：It's not bad, I guess, but isn't it a bit too short?

M：No, it's perfect! I liked your old hairstyle, too, but this one is even better! You look absolutely gorgeous!

W：Wow! Thank you! Actually, it didn't come very cheap, but now I think it was worth the money.

スクリプトの訳

男性：あ，髪切ったね！　すごくいいじゃない！

女性：悪くないとは思うんだけど，ちょっと短すぎない？

男性：いや，完璧だよ！　前の髪形もよかったけど，このほうがもっといい！　ほんとにすてきだ！

女性：うれしい！　ありがとう！　本当を言うと，決して安くはなかったんだけど，お金をかけた価値はあったわ。

語 句

haircut	名 散髪	gorgeous	
guess	動 ～であると思う		形 すばらしい，非常に魅力的な
perfect	形 完璧な	come	動 （商品などが）手に入る
absolutely	副 全く，非常に	worth	形 ～の値打ちがある

訳　女性は今，自分の新しい髪形をどう思っているか。
 ① 自分には長すぎる。
 ② 男性に似合うだろう。
 ③ 高いお金を払いすぎた。
 ④ 気に入っている。

解説

Focus

設問から「結論」がフォーカスであることを見抜く。

女性の考えを聞き取る問題であり，女性の発言に集中することは言うまでもないが，「見て見て，このヘアスタイルいいでしょ。気に入ってるの」でスタートし，そのまま終わる会話になることは絶対にない。途中で紆余曲折を経て，最終的に結論がまとまる，という第3問の基本パターンの問題。結論は最後に明らかになるので，リスニングのフォーカスポイントは，now I think it was worth the money。正解は④である。

問 15　★★☆☆☆

スクリプト

W：Congratulations! It was a great match!
M：I'm not sure .... I was just lucky. I really shouldn't have won ....
W：That's not true! OK, maybe you didn't win because you played better than the other guy. But you played very hard. I believe you deserved to win.
M：Wow, you sound like my coach! Thanks anyway, though.

スクリプトの訳

女性：おめでとう！　すばらしい試合だったわ！
男性：どうかな。運がよかっただけだよ。本当は僕は勝つべきじゃなかったんだ…。
女性：そんなことないわよ！　確かに，相手よりいいプレーをして勝ったわけじゃないかもしれないけど，でもあなたは精いっぱいやったわ。十分勝利に値するわよ。
男性：おいおい，まるでコーチみたいだな！　ま，いずれにせよありがとう。

語 句

deserve to *do* 熟 ～するに値する　　anyway 副 とにかく
sound like ～
　熟 ～のように聞こえる[思われる]

訳 女性は試合についてどう感じているか。

① 相手のプレーがよくなかった。

② 相手は精いっぱいやろうとしなかった。

③ **男性はもっと誇りを持つべきだ。**

④ 男性は勝つはずだったのに。

解説

Focus

着眼点は問3と同じであることを見抜く。

問3と同じく女性の考えを聞き取る問題なので，女性の発言に意識を集中する。最初の Congratulations! It was a great match! では④「勝つはずだったのに（勝てなかった）」は消えるものの，試合に関する「具体的な感想」が述べられていない。つまり，この問題も最後に結論が現れる，問3同様の典型問題ということになる。女性の最後の1文，I believe you deserved to win. が決め手となり，正解は③である。

問16 ★☆☆☆☆

スクリプト

W：What an impressive garden!

M：Thanks! Do you have any plants at home?

W：Only a cactus. I've had it for years.

M：Those are easy plants to care for, right?

W：Yes, that's why I got mine. I want to start my own garden, though. Any suggestions?

M：Sure, I can share my experience with you over coffee.

W：Great! I know a place just around the corner.

スクリプトの訳

女性：見事な庭ね！

男性：ありがとう！　家に植物はある？

女性：サボテンだけ。もう何年も持ってるわ。

男性：サボテンは手入れが簡単でしょ？

女性：うん，だから買ったの。でも自分で庭を作ってみたいと思ってるの。何か参考になることある？

男性：もちろん。コーヒーを飲みながら，僕の経験を教えてあげるよ。

女性：最高。すぐ近くにいい場所があるわ。

impressive 　形　印象的な，見事な
cactus 　名　サボテン
for years 　　何年間も
care for ～ 　　～の世話をする

that's why ... 　　だから…だ
share ～ with ... 　～と…を共有する
over coffee 　コーヒーを飲みながら
just around the corner 　すぐ近くに

解　説

訳　この女性は何をしようとしているか？
① 家の掃除をする
② **アドバイスをもらう**
③ サボテンを売る
④ 庭を見学する

解　説

Focus

「なだらかに結論へ」のリズムを追う

「結論は最後」は大前提ながら，対話の最後の1往復でわかりやすく示されるとは限らない。この問題では対話の後半で「なだらかに結論に向かう」流れになっている。聞き取りに臨む基本的な作戦は同じだが，このリズムに慣れることは重要。**Words to Catch** は①「掃除」②「アドバイス」③「サボテン」④「見学」あたり。"Any suggestion?" ⇒ "Sure, I can share ..." ⇒ "Great!" の流れから，正解は②。

問 17　★★☆☆☆

スクリプト

M：Is that your son?

W：Yes. His name's Jason and he's nearly two years old.

M：That's wonderful. Is he your first child?

W：He is. And do you have any children?

M：I have three. Why don't you bring Jason to sit with my family? They're over there on that park bench.

W：Thanks, I will.

M：Great. And I'll get us all hot chocolate from that food and drink stand.

スクリプトの訳

男性：息子さんですか？

女性：ええ。ジェイソンです。もうすぐ2歳になります。

男性：いいですね。初めてのお子さんですか？

女性：そうです。お子さんはいらっしゃるんですか？
男性：3人います。ジェイソンを連れて，私の家族と一緒に座りませんか？　あそこの
　　　公園のベンチにいます。
女性：ありがとう，そうさせていただきます。
男性：よかった。では私はあの屋台でみんなのホットチョコレートを買ってきます。

語　句

nearly 副 およそ，約
Why don't you ...? …したらどうですか？
get us all 〜 私たち全員に〜を買ってくる
food and drink stand 屋台

解　説

訳 女性は何をしようとしているか？
① ホットチョコレートを持ってくる
② 公園のベンチを移動させる
③ お弁当を3つ用意する
④ **男性の家族と一緒に座る**

解説

Focus

ゆるやかな結論。

これも問5同様，対話の後半でゆるやかに結論に向かう流れ。"Why don't you ...?"
⇒ "Thanks, I will." の「Q&A」型であることも同じ。流れのリズムをしっかり覚えた
い。

第4問A

別冊 P.58

解 答

問18〜21	18	③	(4点)※全部正解の場合のみ
	19	④	
	20	①	
	21	②	
問22〜25	22	①	(各1点)
	23	②	
	24	④	
	25	②	

問 18 〜 21　★★☆☆☆

スクリプト

Every year, we survey high school students to find out what university technical programs interest them most. We were particularly interested in four programs: mechanical engineering, cybersecurity, AI, and robotics. In 2018, cybersecurity was the most popular program, and remained the same in 2022. The popularity of AI increased significantly during this time, passing robotics to become the second most popular program. The mechanical engineering program experienced the biggest change, from being the second most popular program in 2018 to becoming the least popular one in 2022.

スクリプトの訳

毎年，私たちは高校生を対象に，大学で行われているどのような技術プログラムに最も関心があるかを調査している。中でも4つのプログラムを特に注視しており，それは機械工学，サイバーセキュリティ，AI，ロボット工学である。2018年，サイバーセキュリティは最も人気のあるプログラムであり，2022年も変わらなかった。AIの人気はこの間に大きく上昇し，ロボット工学を抜いて2番目に人気の高いプログラムとなった。機械工学プログラムが最も大きな変化を経験し，2018年には2番目に人気のあったプログラムだったが，2022年には最も人気のないプログラムとなった。

survey　　　　動 調査する
interest　　　　動 〜に関心を持たせる
remain the same 同じ状態のままである
popularity　　名 人気

the second most popular 〜
2番目に人気のある〜
experience the biggest change
最も大きく変化する
the least popular 〜 最も人気のない〜

解 説

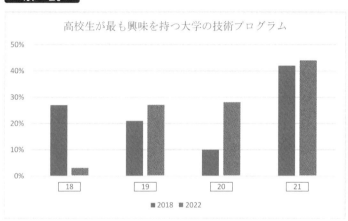

高校生が最も興味を持つ大学の技術プログラム

① AI　　　　　　　　　② サイバーセキュリティ
③ 機械工学　　　　　　④ ロボット工学

解説

Focus

Words to Catch は，すべての選択肢 + 18 「激減」 19 「やや増」 20 「大幅増」 21 「ほぼ変わらず」。

4つの変化がすべてはっきり異なるため，聞き取りは「易」と予想できる。英文では cybersecurity (→ the most popular) → remained the same / AI → increased significantly (→ passing robotics → the second most popular) / mechanical engineering → the least popular の順に登場。聞き取り作業はこの問題の典型だが，2nd Try よりもやや忙しさを感じるレベルであり，耳の訓練に役立つ良問。正解は 18 ③， 19 ④， 20 ①， 21 ②。

問 22 〜 25　★★☆☆☆

スクリプト

This is your first month on this job, and you are going to be working four to six hours a week, as shown on the table here. The hourly wage starts at 800 yen since you have no prior work experience at a café. But after a total of 10 hours on the job, it goes up to 1,000 yen. I hope this sounds fair to you.

今月からこの仕事を始めてもらいます。あなたはこの表のとおり，1週間に4時間から6時間働くことになります。あなたは今までカフェで働いた経験がないので，時給は800円からスタートします。でも，合計で10時間働いたら，その後は時給が1,000円にアップします。納得してもらえるといいのですが。

語　句

hourly	形 1時間(ごと)の		total	名 総計，合計
wage	名 賃金		fair	形 公平な，公正な
prior	形 前の，先の			

解　説

① 3,200円　　② 4,000円　　③ 5,000円　　④ 5,800円　　⑤ 6,000円

週	勤務時間	支払額
1	4時間	22
2	5時間	23
3	6時間	24
4	4時間	25

解説

Focus

条件を確認：

＜基本条件＞＝時給×勤務時間

＜付帯条件＞＝10時間を超えたら1,000円にアップ

1：＜基本＞800×4＝3,200円，＜付帯＞なし。 22 には①が入る。2：＜基本＞800×5＝4,000円，これも＜付帯＞なしで 23 の正解は②。3：＜基本＞800×6＝4,800円，＜付帯＞あり。最初の1時間で勤務経験が10時間に達するため，残る5時間の時給は1,000円になる。つまり800＋1,000×5＝5,800円。 24 は④が正解。4：すでに時給アップ後のため，1,000×4＝4,000円となる。 25 は②が正解。

第4問 B

▶▶ 問題 別冊 P.60

解 答

問 26	26	④	（4点）

問 26 ★★★☆☆

スクリプト

1. I strongly recommend Dr. Eaton for Math 301. His lectures are always clear and to the point. There are five exams but no homework, and he is very fair on grades. The only negative is the large class size. But other than that, everything is perfect!

2. I liked Dr. Hayashi's class. His classes are small, so you will get to know everyone. His lectures might sometimes be confusing, but his exams and homework assignments are well-designed and very fair. A nice class, I think.

3. I took Dr. Tate for Math 301. His class was very hard, with tons of homework and tough exams. You will have to work very hard to get a good grade. But it's a small class, and his lectures are excellent. So, if you are motivated, Dr. Tate's Math 301 is the way to go.

4. I think Professor Wood's Math 301 is the best. Her classes are small, so she is always available for questions. Her lectures are great, homework and exams are reasonable, and many students get good grades.

スクリプトの訳

1. 私はイートン先生の数学301を強くお薦めします。先生の講義はいつも明快で要領を得ています。テストは5回ありますが，宿題はありませんし，成績のつけ方はとても納得のいくものです。唯一よくない点は，受講生が多いことです。でもそれ以外は，すべてがパーフェクトです！

2. 私はハヤシ先生の授業が好きでした。先生の授業は人数が少ないので，みんなと知り合いになります。先生の講義はときどきわかりにくいことがあるかもしれませんが，試験と宿題はよく考えられていて，多すぎても少なすぎでもありません。いい授業だと私は思います。

３．私はテイト先生の数学301を取っていました。先生の授業はとても大変で宿題もすごく多くて試験も難しかったです。いい成績を取るには本当に一生懸命勉強しなければなりません。でも，少人数ですし，先生の講義はすばらしいです。ですから，やる気があれば，テイト先生の数学301がお薦めです。

４．私はウッド教授の数学301がベストだと思います。先生の授業は人数が少ないので，いつでも直接質問できます。講義はすばらしいし，宿題と試験はほどほどで，たくさんの学生がいい成績を取っています。

語 句

recommend	動	～を推薦する	

recommend 　動　～を推薦する
to the point 　熟　適切な，的を射た
negative 　名　否定的要素，障害
get to *do* 　熟　～するようになる；～できる
confusing 　形　頭を混乱させる（ような）
well- 　接頭　よく～，十分～

design
　動　～をデザイン[設計]する：～を（体系的に）計画する
tons of ～ 　熟　多量の～，多数の～
motivated 　形　意欲[やる気]がある
available 　形　（人が）手が空いている
reasonable 　形　合理的な：ほどほどの

解 説

	A. 人数	B. 講義	C. 宿題
① イートン先生			
② ハヤシ先生			
③ テイト先生			
④ ウッド教授			

解説
Focus
「どの条件を満たすか」に集中する。
条件A「生徒数が少ない」を満たすのは Dr. Hayashi, Dr. Tate, Prof. Wood の授業の3つ。Dr. Eaton の授業は the large class size と紹介されている。次に，条件B「わかりやすい」のは Dr. Eaton, Dr. Tate, Prof. Wood の3人。Dr. Hayashi の講義は confusing「わかりづらい」である。条件C「宿題が少ない」は，Dr. Tate の授業は tons of homework と「すごく多い」ことが紹介されているが，他の3人については，no homework, very fair, reasonable と，「多すぎない」ことがはっきり示されている。以上から，すべてを満たす正解は④Prof. Wood である。

第5問

▶▶ 問題 別冊 P.62

解 答

問 27	27	④	（3点）
問28〜31	28	④	（4点）※ 28〜31 全部正解の場合のみ
	29	①	
	30	②	
	31	③	
問 32	32	③	（4点）
問 33	33	①	（4点）

問 27 〜 31

スクリプト

For twenty-three years, from 1995 to 2018, the participation of women in politics has grown significantly. In 1995, the world average of women in legislatures was 11.3%, but by 2018, it increased to 23.4%. While the Americas and Europe had doubled to nearly 30%, Asia, including Japan, only increased by 5% to 18.6%.

Recently, however, there have been slowdowns and even reverses in some countries in the number of women in politics. For example, over the past few years Brazil has dropped from about 25% to less than 5% in 2017.

These decreases are a result of social factors such as a lack of educational opportunities, a lack of support for women with children, and viewpoints that see women as lacking in leadership skills.

On the other hand, there are a number of positive factors worldwide which are increasing female participation. One is the use of quotas as official policy, a system of setting aside a number of seats to be filled by women. Another is that movements against sexual harassment such as "Me Too" are also contributing to the increase.

It is predicted that changes in most of the above-mentioned declines will be seen in the near future. Social and political change is never simple or immediate. The overall trend in governments suggests that most legislatures around the world could someday include a majority of women.

スクリプトの訳

1995 年から 2018 年までの 23 年間で，女性の政治参加は大きく進みました。1995 年には女性議員の占める割合は世界平均で 11.3％でしたが，2018 年には 23.4％にまで増加したのです。南北アメリカとヨーロッパでは倍増した結果ほぼ 30％に達したのに対し，日本を含むアジアではわずか 5 ％の増加に留まっており，18.6％を占めているにすぎません。

しかしながら，最近でも，政治に参加する女性の数の伸びが鈍化，あるいは減少すらしている国があります。例えば，この数年でブラジルでは女性議員が以前の約 25％から 2017 年には 5 ％未満にまで減少してしまったのです。

こうした減少を引き起こしているのは，教育機会の不足，子どもを持つ女性への支援の不足，さらには女性には指導力を発揮するための技術が欠けているという見方などの社会的な要因です。

一方で，女性の政治参加を増加させているプラス要因も世界中にいくつかあります。1 つは公的政策として議席割り当てを行うことで，これは一定数の議席を女性用に確保しておく制度です。他に，"Me Too" のようなセクハラ反対運動もまた女性議員の増加に寄与しています。

これまで述べてきたような女性の政治参加が後退している事態の大半は，近い将来変化するだろうと予測されています。社会や政治の変化というのは，決して簡単にすぐさま生じるものでもありません。世界の行政府の全体的傾向を見れば，世界の大部分の議会で，やがて女性が多数を占めることになるかもしれないのです。

ワークシート

女性の政治参加

	1995	2018	
世界平均	＿＿＿	＿＿＿	27
ヨーロッパ	13.2	27.1	＋13.9
南北アメリカ	12.7	28.4	＋15.7
アジア	13.2	18.6	＋5.4
アフリカ	9.8	23.6	＋13.8

要因	社会的／政策	プラス／マイナス
教育の機会	社会的	マイナス
家庭支援	28	マイナス
指導力についての認識	社会的	29
女性限定議席	30	プラス
セクハラ反対運動	社会的	31

語　句

第1段落

participation	名	参加
significantly	副	著しく
legislature	名	(国家の)立法機関，議会
increase	動	増える；高める
double	動	2倍になる，倍増する

第2段落

| slowdown | 名 | 減速 |
| reverse | 名 | 逆，反対 |

第3段落

decrease	名	減少，下落
factor	名	要因，要素
lack	名	不足，欠乏
viewpoint	名	視点，観点

第4段落

positive
形 前向きの；楽観的な，プラスの

female	形	女性の
quota	名	割り当て；割当数[量]
policy	名	政策
set aside ～	熟	～をとっておく
seat	名	議席
fill	動	(地位)を占める
movement	名	(政治的・社会的)運動

sexual harassment
名 性的いやがらせ，セクハラ

contribute to ～ 熟 ～の一因となる

第5段落

predict	動	～を予言する，予測する
above-mentioned	形	上述の，前述の
decline	名	衰え；減少
immediate	形	即座の，早急な

trend 名 (事態・世論などの)傾向，動向

majority 名 大多数；過半数

問 27　★★★☆☆

訳

① ＋5.1　　　② ＋10.1

③ ＋11.1　　④ **＋12.1**

⑤ ＋13.1　　⑥ ＋23.1

解説

Focus

女性議員が何％「増えたのか」に集中する。

講義の冒頭（第1段落）で述べられている。女性議員の世界平均は1995年が11.3％，2018年が23.4％。差は23.4－11.3 ＝ 12.1，④が正解になる。

問 28 〜 31　★★★★★

訳

① マイナス　　② 政策　　③ プラス　　④ 社会的

解説

Focus

①問27終了後，すかさず表を眺めつつ，まず現れる「マイナス要因」に集中する。

講義の中盤（第3段落）で女性の政治参加を阻む「社会的要因」が説明されている。挙げられた具体例は3つ，「教育機会の不足」，「子どもを持つ女性への支援の不足」，そして「女性にはリーダーシップが欠けているという見方」である。ここから，　28　に④，　29　に①が入る。

②すぐあとに続く「プラス要因」。表の「残りすべて」が現れることをチェックする。

続く講義の終盤（第4段落）に今度は女性の政治参加を促すプラス要因の説明が現れる。ここで表の「残りすべて」が現れれば問28〜31は終了。講義は1回しか読まれないので，聞き漏らさないよう慎重に作業する。the use of quotas as official policy という表現に続いて，これが女性用の議席割り当て制度であることが補足説明されているので，　30　に②が入り，さらにその直後で “Me Too” のようなセクハラ反対運動が女性の政治参加に寄与していることが述べられている。したがって，残る　31　に③が入る。

問 32　★★★★☆

スクリプト

Student A : Progress has been seen in the number of women in politics, however some areas still have a long way to go.

Student B：The rise in women securing seats can be in part attributed to the
　　　　　adoption of quotas as official policy.

スクリプトの訳

生徒A：政治に携わる女性の数には進歩が見られるが，地域によってはまだまだだ。
生徒B：女性が議席を確保するようになったのは，割り当てが公式な政策として採用さ
　　　　れたからだ。

解説

Focus

地域による違いは講義の英文冒頭（第1段落），割り当てについては中盤（第4段落）で
いずれも述べられていたことから，A・Bともに一致するため，正解は③。どちらも講
義文のテーマについての「大きなイメージ」ではなく，「細部」に関する発言であり，
覚えておくのはかなり難しい。極めてレベルが高い設問。

問33　★★★★★

スクリプト

　Jerry：Let's take a look at this table, Barbara. It shows the percentage of
　　　　women in legislatures where quota systems have been
　　　　implemented.
Barbara：So ... it shows countries with quotas by law, voluntary quotas, and
　　　　both?
　Jerry：Right. That's quite interesting. What do you think?

スクリプトの訳

　Jim：メアリー，この表を見てみよう。クォータ制が導入された議会における女性の
　　　　割合を示してるんだ。
Mary：法律でクォータ制を導入している国，自主的なクォータ制を導入している国，
　　　　その両方を示しているのね？
　Jim：そう。なかなか興味深いよね。どう思う？

訳

政策が女性の政治参加に与える影響：2017年

	国名	女性の割合	割当制度
1	セネガル	41.8%	あり **
2	ノルウェー	41.4%	あり *

3	フランス	38.8%	あり ***
4	ニュージーランド	38.3%	あり *
5	アルゼンチン	38.1%	あり ***
6	アイスランド	38.1%	あり *
7	エクアドル	38.0%	あり **
8	オランダ	36.0%	なし
9	オーストリア	34.4%	あり *
10	東ティモール	32.3%	あり **
11	イギリス	32.0%	あり *
12	日本	10.1%	なし

*女性の政治参加を促す方策が2つ以上の政党で講じられている
*議席の割り当てが法律によって定められている
***法律で割り当てが定められており，かつ自発的に運用されている

① **政策はさまざまな地域の国で効果を上げている。**
② 政策は女性の政治参加に関係していない。
③ 男女間格差がさまざまな政策を通じて広がっている。
④ 増加はおおむねヨーロッパ諸国で起きている。

語 句

implement 動 （政策など）を実行する　　voluntary 形 自発的な；任意の

[解説]

Focus

問1〜5の講義の要旨と表をマッチング。

表の内容を一言で表している選択肢が正解になる。②は，女性議員の割合が高い国のほとんどを Quota＝Yes の国が占めていることから「関係がある」ことになり不正解，③の「男女間格差」は「増加」しているのか「減少」しているのかが示されていないため不正解，問1〜5の講義から，「増加」はヨーロッパ以外の南北アメリカやアフリカでも起きていることがわかるので，④も不正解となる。正解は①である。表に挙げられた，女性議員の割合が高い国々はヨーロッパ，アフリカ，アジア，南アメリカ，オセアニアと世界各地にわたっている。

第6問 A

▶▶ 問題 別冊 P.65

解 答

問34	34	③	(各3点)
問35	35	②	

問34 ～ 35

スクリプト

Tom ：I can't believe it, Susan. This place is so crowded!

Susan：Things sometimes don't go as planned, Tom.

Tom ：I know, but it's crazy! Today, I've checked the weather forecast, train schedule, and the restaurant's crowd forecast, but none of them were right!

Susan：I know what you mean. You've been checking them so many times. But, you know, having access to such information is not always a good idea. It makes you worried and irritated.

Tom ：That's not true. Having access to information is a good thing, and it is the key to success in today's world.

Susan：Then, how come you've been so worried and irritated all this time?

Tom ：There is nothing wrong with having access to information. It is just that the information I got today happened to be unreliable.

Susan：Really? It seems to me you are worried and irritated regardless of the accuracy of the information.

スクリプトの訳

トム　　：スーザン，信じられないよ。なんて混雑なんだ！

スーザン：ときには計画どおりにいかないこともあるわよ，トム。

トム　　：わかってるけど，ひどすぎだろ！　今日，僕は天気予報と電車の時刻とレストランの混雑予想をチェックしたのに，1つも当たらないなんて！

スーザン：言いたいことはわかるわ。何回もチェックしてたもんね。でもね，そういう情報をチェックするって，必ずしもいいとは限らないのよ。かえって心配になってイライラしちゃうから。

トム　　：そんなことないさ。情報を集めるのはいいことだよ。それに今の世の中じゃ，情報収集こそ成功の鍵なんだから。

スーザン：だったら，どうしてあなたは今日ずっとそんなに気をもんで苛立っているの
　　　　　よ？

トム　　：情報収集自体は悪くない。問題なのは，今日僕が得た情報がたまたまいいか
　　　　　げんだったことだ。

スーザン：そうかしら。あなたは情報の正確さとは関係なく気をもんでイライラしてる
　　　　　ように見えるけど。

語　句

crowded　形 混雑した	happen to *do* 熟 偶然[たまたま]〜する
plan　動 〜の計画[予定]を立てる	unreliable　形 当てにならない
crazy　形 ばかげた	regardless of 〜 熟 〜にかかわらず，〜
access　名 (情報などの)入手[使用，利用]	に関係なく
irritate　動 〜をいらいらさせる	accuracy　名 正確さ；精度

解　説

問 34　★★✰☆☆

訳　トムの発言の主旨はどれか。

① 自分はダメな人間だ。

② 自分の性格が問題を引き起こした。

③ **情報がたまたま不正確だった。**

④ レストランは混雑しすぎていた。

問 35　★★✰☆☆

訳　スーザンの発言の主旨はどれか。

① 情報にアクセスすることはトラブルを引き起こすだけである。

② **情報にアクセスすることは必ずしもよいとは限らない。**

③ 自分たちは他のレストランを探すべきである。

④ トムは仕事で成功を収めることはないだろう。

[解説]

Focus

「主張」と「根拠」を把握する。

まずは事前に問題の内容をチェック。「状況」に「情報収集について」とあり，問 1，
2 の選択肢に information が繰り返し現れることから，この「情報収集についての 2 人
の考え方」を聞き取ればよいとわかる。放送文で Tom の考えが最もよく表れているの
は Tom の最後の発言である。問 1 の正解はこの最後の発言全体に一致する③。Susan
の考えが Tom と異なることを聞き取るのは容易だろう。Susan の考えが最もはっき

り表れるのは，トムのイライラをなだめようとするシーンで，会話の中ほどに出てくる having access to such information is not always a good idea という発言。問2 の正解はこの文に一致する②になる。

第 6 問 B

▶▶ 問題 別冊 P.66

解 答

問36	36	①	(各4点)
問37	37	③	

問 36 ～ 37

スクリプト

Moderator ：Thank you, Professor Cheng. You spoke about the need for Internet content regulation.

Prof. Cheng：Right. We are heavily dependent on the Internet, and almost everyone uses it every day. However, the information on the Internet is sometimes misleading or wrong, or even dangerous. In fact, Internet-related crimes and problems have been increasing recently.

Moderator ：OK. Now let's take some questions. Yes.

Lisa ：My name is Lisa. I think the Internet is an extension of the real world. So, people should be free to express whatever they want.

Prof. Cheng：Ideally, yes. However, the Internet is a world where things can easily be designed to influence people. And some people try to create content to influence people wrongfully for their own gain. We need regulation because it is hard to stop them without it.

Lisa ：But, who will make the rules? If the government does, they will have a strong power over information.

Prof. Cheng：That's an excellent point. So, non-governmental organizations must be involved. But we need regulation. That is for sure.

Moderator ：OK. Another question? Yes.

Sanjay ：My name is Sanjay. A friend of mine told me about political advertisements on the Internet, and I'm very concerned. Could you tell us about them?

Prof. Cheng：Sure. As I just mentioned, the Internet is very influential. So, some people want to use it to promote their political views. And one way is by posting political advertisements.

Sanjay ：And, they work very well.

Prof. Cheng：Yes. The political ads, especially those on social media, have been proven to have a strong influence on people, often without their knowledge. So, some people think political ads should not be allowed on the Internet.

Moderator ：Very interesting. Thank you for bringing up the topic, Sanjay, and thank you, Professor Cheng.

スクリプトの訳

司会　　　：チェン教授，どうもありがとうございました。ネットコンテンツの規制の必要性についてお話しいただきました。

チェン教授：はい。私たちはネットにひどく依存しており，ほとんど誰もが毎日ネットを利用しています。しかしながら，インターネット上の情報というものは，ときに誤解を招いたり誤っていたり，危険ですらあるのです。実際，インターネット関連の犯罪と問題が昨今増加しています。

司会　　　：はい。それでは質問を受けつけましょう。はい，どうぞ。

リサ　　　：リサと申します。私はインターネットというのは現実世界の延長だと思います。ですから，人々はなんであれ自分が表現したいことを自由に表現すべきです。

チェン教授：理想を言えば，そのとおりです。しかし，インターネットというのは，物事を人々に影響を与えるように作ることが容易にできる世界なのです。そして中には自分の利益のために人々に悪影響を与えるコンテンツを作ろうとする人もいます。規制が必要なのは，そうしなければそういう人を止めることが難しいからなのです。

リサ　　　：でも，誰がルールを作るのですか？　もし政府が作るならば，政府は情報に関して強大な権力を持つことになります。

チェン教授：すばらしい指摘ですね。ですから非政府組織が関わらなくてはなりません。しかし私たちには規制が必要なのです。それは間違いありません。

司会　　　：ありがとうございました。他にご質問は？　はい，どうぞ。

サンジェイ：サンジェイと申します。友人がインターネット上での政治広告について話してくれたんですが，私はとても心配なんです。それについて教えていただけますか。

チェン教授：わかりました。申し上げたとおり，インターネットはとても影響力が大きいのです。ですから，それを自分たちの政治的見解を広めるために利用したいと考える人たちもいるわけです。そして1つの方法が政治広告を打つことなんです。

サンジェイ：そしてそれがとても効果的なわけですね。

チェン教授：そう。政治広告，とくにソーシャルメディア上の広告は，多くの場合人々にそうと知られないまま，強い影響を与えることがわかっています。です

　　　　　から，インターネット上の政治広告は認めるべきでないと考えている人々
　　　　　もいるのです。
司会　　：とても興味深いですね。サンジェイ，よい話題を取り上げてくれてありが
　　　　　とう。そしてチェン教授，どうもありがとうございました。

語　句

content
　图 コンテンツ(電子的に利用できる情報サ
　　ービスの内容)
regulation　图 取り締まり，規制
heavily　　　副 (程度が)非常に，激しく
be dependent on ～
　熟 ～に依存している
misleading 形 人の判断を誤らせる
～ -related　形 ～関係[関連]の
crime　　　　图 犯罪
extension　　图 延長部分，拡張部分[範囲]
ideally　　　副 理想的には；理論的には
influence　　動 ～に影響を与える
wrongfully　副 悪く，不正に

gain　　　图 利益を得ること，金もうけ
excellent　形 すばらしい
non-governmental organization
　图 非政府組織
involve
　動 (人)を(～に)巻き込む，関わらせる
for sure　　熟 確かで
advertisement 图 広告
concern　　動 (受身形で)心配している
promote　　動 ～を宣伝して売り込む
prove to *do* 熟 ～することがわかる
without *one's* knowledge
　熟 (人)の知らぬ間に
bring up ～
　熟 (問題など)を持ち出す，話題にする

解　説

問 36　★★★★☆
　① リサ　　　　　　　　　　② サンジェイ
　③ リサとチェン教授　　　　④ サンジェイとチェン教授
解説
Focus
ネット規制に対する4人の「イメージ」を聞き取る。
基本的には，講演を行った「教授」が，話題に対して「プラス」の立場か，それとも
「マイナス」の立場かは，放送文冒頭の本人の発言で明らかになる。この問題では，
Prof. Cheng は 2 度 め の 発 言 で We need regulation, 続 い て But we need
regulation. That is for sure.と述べており，「規制に賛成」である。最初に質問に立
った Lisa は 2 回発言していて， 1 回めに people should be free to express
whatever they want， 2回めに If the government … a strong power と述べている。
この2つの発言から，「規制に反対」と判断できる。次の質問者 Sanjay は，インター

ネット上の政治広告について I'm very concerned と述べていることから，「規制もやむなし」と考えていることがわかる。以上から，規制に反対の立場で意見を述べているのは Lisa 1 人，正解は①である。

問 37　★★☆☆☆

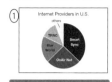  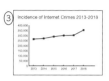 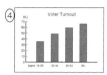

Focus

問 1 の解答作業から正解を特定できる。

問 1 より，チェン教授の立場が「インターネットコンテンツの規制に賛成」であることから，規制の必要性を読み取れるグラフを選べばよい。正解は③。他の 3 つのグラフは①「アメリカのインターネットプロバイダ」，②「スマートフォン普及率」，④「選挙の投票率」といずれもインターネットコンテンツの規制の根拠とならない内容である。